Bonnie Bryant

*Kampf um Pepper*

Sattelclub Band 28

Bonnie Bryant

# *Kampf um Pepper*

Sattelclub Band 28

Aus dem Amerikanischen
von Simone Wiemken

Ravensburger Buchverlag

Die Deutsche Bibliothek – CIP-Einheitsaufnahme
Ein Titeldatensatz für diese Publikation ist bei
Der Deutschen Bibliothek erhältlich

1 2 3 02 01 00


Die amerikanische Ausgabe erschien
unter dem Titel „The Saddle Club – Autumn Trail"
beim Verlag Bantam Books, New York

Umschlagkonzeption: Ekkehard Drechsel
Umschlagillustration: Ulrike Heyne
Redaktion: Heike Brillmann-Ede
Printed in Germany

ISBN 3-473-34698-5

# 1

„Auch wenn ich kaum glauben kann, dass ich so etwas sage“, bemerkte Laura Hanson zitternd, „bin ich doch froh, dass dieser Ausritt fast zu Ende ist.“

Lauras beste Freundinnen Jenny Lake und Julia Atwood sahen sie verblüfft an. „Auch ich kann kaum glauben, dass du so etwas sagst“, scherzte Jenny. „Willst du damit etwa andeuten, dass dir das Reiten keinen Spaß mehr macht?“

„Sehr komisch. Ich wollte damit nur sagen, dass ich erfriere“, wehrte sich Laura. Eigentlich wollte sie Jenny wütend anfunkeln, doch das erwies sich als schwierig, denn ihr ganzes Gesicht fühlte sich wie eingefroren an. Also lachte sie stattdessen. „Ich schätze, das sollte mir eine Lehre sein, öfter einmal den Wetterbericht zu hören. Vielleicht schaffe ich es dann, eine wärmere Jacke anzuziehen, wenn es das nächste Mal so kalt ist.“

„Ich habe schon meine wärmste Jacke an und bin trotzdem halb erfroren“, meinte Julia. „Es ist wirklich seltsam, dass es schon vor Thanksgiving so kalt wird. Wenn das so weitergeht, werden wir im Januar mindestens vierzig Grad minus haben." Der Gedanke ließ sie erschauern.

„Ich finde, es fühlt sich jetzt schon an wie vierzig Grad minus", behauptete Laura. Ihr Pferd Silberstern schnaubte, als wollte er ihr zustimmen, und stieß dabei eine weiße Atemwolke aus. „Seht ihr? Sogar Silberstern findet, dass es zu kalt ist, um draußen zu sein."

„Nein, das hat er nicht gesagt", verbesserte Jenny sie mit einem hinterhältigen Grinsen. „Er hat gesagt, dass du immer nur an dich denkst. Schließlich braucht er seine Bewegung, egal, wie das Wetter ist."

„Ich weiß", gab Laura kleinlaut zu und klopfte Silberstern den Hals. Dann ging Laura auf, dass Jenny sie schon wieder aufgezogen hatte. „Woher willst du eigentlich wissen, was Silberstern gesagt hat? Du weißt doch, dass Max immer sagt, dass Pferde keine Menschensprache verstehen. Und jetzt willst du mir weismachen, dass du die Pferdesprache beherrschst?"

Max war der Besitzer von Pine Hollow und der Reitlehrer der Mädchen. Er predigte seinen Reitern ständig, dass sie den Pferden ihre Anweisungen nicht mit Worten geben sollten. Natürlich lernten die meisten Pferde irgendwann die Bedeutung einiger einfacher Kommandos und verstanden oft auch durch den Tonfall, was der Reiter von ihnen wollte, doch Laura wusste genau, dass man Pferden seine Wünsche am besten mit Hilfe des Sitzes, der Beine und der Zügel kundtat.

Das wusste Jenny natürlich auch, doch im Augenblick hatte sie keine Lust, auf Lauras Spott einzugehen. Deshalb fuhr sie fort: „Und da Silberstern seine Bewegung braucht, wird es ihm sicher nichts ausmachen, wenn wir noch ein Stück traben. Wir können wieder Schritt reiten, wenn wir die Wiesen erreicht haben."

„Gute Idee", sagte Laura begeistert. „So bekommen die Pferde ihre Bewegung, und wir kommen schneller wieder in den Stall."

„Und beim Leichttraben wird uns warm", fügte Julia hinzu.

„Genau das habe ich auch gerade gedacht", sagte Jenny. „Also los, auf geht's."

Die drei ließen ihre Pferde antraben. Sie befanden sich noch auf dem breiten Reitweg, der zu den Wiesen führte, die zwischen dem Reitstallgelände von Pine Hollow und dem Wald lagen. Als sie wenig später aus dem Wald kamen, ließen sie ihre Pferde wieder im Schritt gehen. Es war wichtig, den Tieren diese Verschnaufpause zu gönnen, bevor sie wieder in den Stall kamen, und den Mädchen wäre es trotz der grimmigen Kälte nie eingefallen, diese Grundregel des Reitens zu verletzen.

Auf ihrem Weg über die Wiesen sah Julia automatisch zu der kleinen Weide, auf der Pepper stand. Pepper gehörte schon seit ewigen Zeiten zur Stammbesetzung von Pine Hollow. Er war das Pferd, das Max allen Anfängern zugeteilt hatte, denn Pepper war unheimlich sanft und geduldig und ein perfekter Lehrmeister – vielleicht sogar noch besser als Max, obwohl es keines der Mädchen gewagt hätte, dies vor Max laut auszusprechen! Julia ritt noch nicht so lange wie Jenny und Laura, und Pepper war eines der ersten Pferde, die sie geritten hatte. Deshalb war er ihr Lieblingspferd gewesen, bis Max ihn vor kurzem in den Ruhestand versetzt hatte.

Es war Julia schwer gefallen, sich damit abzufinden, dass Pepper jetzt zu alt war, um weiterhin geritten zu werden, aber irgendwann hatte sie eingesehen, dass sich das treue alte Pferd seinen Lebensabend auf der Koppel redlich verdient hatte. Jenny hatte zu seiner Pensionierung eine große Party auf die Beine gestellt und so allen Reitern, die im Laufe der Jahre von Pepper gelernt hatten, die Chance gegeben, ihn noch einmal zu besuchen und sich bei ihm zu bedanken. Und jetzt verbrachte Pepper seine Tage damit, friedlich auf der Koppel zu stehen und zu grasen.

Doch an diesem Tag empfand Julia das Bild von Pepper auf seiner Weide alles andere als idyllisch. Die Sonne ging bereits unter, und ihre letzten Strahlen warfen dunkle Schatten auf das farblose, von Raureif überzogene Gras. Julia konnte nur die Umrisse von Pepper erkennen, der eine warme Weidedecke trug. Er stand am anderen Ende der Koppel, an der Zaunseite, die dem Stall am nächsten war. Sein Kopf hing herunter, und er wendete den Blick nicht von den Gebäuden ab.

„Seht doch", sagte Julia und zeigte auf das bewegungslos dastehende alte Pferd. „Was meint ihr, ist es nicht zu kalt, um Pepper die ganze Nacht draußen zu lassen?"

Laura nickte betroffen. „Auf jeden Fall. Bei dieser Kälte sollte kein Pferd zu lange draußen bleiben und vor allem keines, das so alt ist wie Pepper. Es wundert mich, dass Max ihn nicht schon längst in den Stall geholt hat."

„Wenn wir zurück sind, werde ich Max gleich fragen, ob ich Pepper hereinholen darf", sagte Julia. Sie sah noch einmal zu ihm hinüber, als sie mit ihren Freundinnen an der Weide vorbeiritt. Dabei fiel ihr auf, dass Pepper nicht einmal den Kopf hob. Das passte nicht zu ihm. Normalerweise lief er sofort zum Zaun, wenn seine Stallgefährten vorbeikamen. Aber bestimmt war es nur die Kälte, die Pepper so träge machte. Sie nahm sich trotzdem vor, ihn sich genau anzusehen, wenn sie ihn in den Stall gebracht hatte.

Jenny unterbrach ihre Gedanken, als sie ihr Pferd Topside neben Julias Barq aufrücken ließ. „Ich hoffe, dass wir bei dir eine heiße Schokolade bekommen, Julia", sagte sie. Die drei hatten sich vorgenommen, an diesem Tag bei Julia zu übernachten. „Laura und ich haben gerade beschlossen, dass es genau das ist, was wir jetzt unbedingt brauchen."

Julia lächelte und versuchte nicht länger daran zu

denken, wie unbeweglich Pepper am Zaun gestanden hatte. „Das ist kein Problem – und eine ausgezeichnete Methode, wieder warm zu werden."

Gut eine Stunde später hatten es sich die drei in Julias in Rosa und Weiß gehaltenem Zimmer gemütlich gemacht und hielten dampfende Kakaobecher in den Händen. „Ach, ist das schön", seufzte Laura. „Ich dachte schon, ich würde nie wieder auftauen." Sie kuschelte sich noch tiefer in den bequemen Sessel, den sie sich ausgesucht hatte.

„Ich wette, das hat Pepper auch gedacht", sagte Julia. „Er sah richtig dankbar aus, als wir ihn hereingeholt haben."

„Und Max behauptet, Pferde und Menschen sprächen nicht die gleiche Sprache", spottete Jenny.

„Ich bin nur froh, dass Max uns erlaubt hat, Pepper hereinzuholen", sagte Julia. Sie nahm geistesabwesend einen Schluck von ihrem Kakao und verbrannte sich prompt die Zunge. „Ich hoffe nur, dass Pepper die Nacht, die er draußen verbringen musste, nicht geschadet hat."

„Das hoffe ich auch", sagte Laura. „Und da wir gerade von Red sprechen: Habt ihr gesehen, welches Pferd er bewegt hat, als wir zurückkamen?" Red O'Malley war der Futtermeister von Pine Hollow.

Jenny nickte. „Klar. Es war natürlich Garnet."

Garnet war eine temperamentvolle Fuchsstute, die Veronica diAngelo gehörte, einem eingebildeten, reichen Mädchen, das auf dieselbe Schule ging wie Jenny. Die diAngelos gehörten zu den reichsten Familien in Willow Creek, und deshalb schien Veronica zu glauben, dass sie es nicht nötig hatte, sich selbst um ihr Pferd zu kümmern – das konnten andere tun, vor allem Red, den sie offenbar als eine Art persönlichen Angestellten betrachtete.

„Mir ist aufgefallen, dass Veronica in letzter Zeit nicht oft im Stall war", fuhr Jenny fort. „Red hat mir erzählt, dass sie schon fast eine Woche lang nicht mehr geritten ist. Die arme Garnet ist vor Langeweile fast verrückt geworden, obwohl Max sie jeden Tag für ein paar Stunden in einen der Ausläufe stellt. Also hat Red beschlossen, sie selbst ein bisschen zu reiten, bevor sie anfängt, ihre Box zu Kleinholz zu verarbeiten."

„Das ist ja schrecklich", sagte Laura kopfschüttelnd. Sie hatte kein Verständnis für Leute, die ihre Pferde vernachlässigten. Veronicas Sorglosigkeit war sogar schuld am Tod des Pferdes, das sie vor Garnet besessen hatte, den wundervollen schwarzen Vollbluthengst Kobalt. Laura hatte dieses Pferd sehr geliebt, und sein Tod hatte sie so getroffen, dass sie sogar mit dem Gedanken gespielt hatte, das Reiten aufzugeben. Das hatte sie dann zwar doch nicht übers Herz gebracht, aber dieses Erlebnis hatte sie in ihrer Abneigung gegen Veronica bestärkt. „Dieses Mädchen sollte man nicht einmal in die Nähe eines Stalles lassen. Ich kann nicht begreifen, wie man so selbstsüchtig sein kann. Sie denkt immer nur an sich und nie an ihr Pferd."

„Nun, am Montag wird sie hier sein müssen", sagte Julia. „Ich habe gehört, wie Max sagte, dass der Schmied kommt, um Garnet zu beschlagen, und dass er will, dass sie dabei ist."

„Wahrscheinlich hofft er immer noch, dass sie eines Tages doch noch etwas lernt", bemerkte Jenny.

„Darauf würde ich mich nicht verlassen", sagte Laura. „Sie wird nie dazulernen, weil sie viel zu faul ist."

„Da wir gerade vom Lernen sprechen", sagte Jenny. „Am Montag findet bei uns in der Schule wieder diese langweilige Thanksgiving-Aufführung statt. Grauenvoll. Man sollte meinen, dass die Schulleitung ihre Lektion schon im letzten Jahr gelernt hat, als alle Zuschauer während der Veranstaltung eingeschlafen sind."

Julia und Laura lachten. Sie gingen beide auf eine andere Schule. „Nun komm schon, Jenny", sagte Laura. „Was hast du gegen so eine Aufführung? Ich finde, das ist eine schöne Art, den Feiertag einzuläuten."

„Das würdest du nicht sagen, wenn du die Aufführung gesehen hättest", sagte Jenny. „Glaub mir, sie war total bekloppt. Sie hatte überhaupt nichts mit der wahren Bedeutung von Thanksgiving zu tun."

„Wie meinst du das?", fragte Julia. „Worum geht es denn in dem Stück?"

„Ach, du weißt schon, das Übliche", sagte Jenny und

fuchtelte geringschätzig mit der Hand in der Luft herum, wobei sie beinahe ihren Kakao verschüttete. „Die Pilgerväter kommen auf der *Mayflower* von England angesegelt und landen auf Plymouth Rock, dort werden sie von den Indianern begrüßt, dann helfen sie einander, pflanzen irgendetwas an, und schließlich danken sie sich gegenseitig und setzen sich hin, um miteinander zu essen. Das ist doch jedes Jahr dasselbe."

Laura zuckte mit den Achseln. „Aber das ist nun einmal die Geschichte des ersten Thanksgivings."

„Stimmt", bestätigte Julia. „Die Aufführung soll die Zuschauer wahrscheinlich daran erinnern, dass sie dankbar sein können für das, was sie haben."

„Genau", sagte Jenny. „Alle Leute reiten auf der Dankbarkeit herum, aber keiner denkt daran, anderen zu helfen. Diese Pilgerväter waren dankbar, weil ihnen die Indianer geholfen haben zu überleben, obwohl sie dazu nicht verpflichtet waren. Sie haben es einfach getan, aus Hilfsbereitschaft. Aber das scheint heute niemanden mehr zu interessieren, obwohl es immer das war, was mir an Thanksgiving am wichtigsten erschien."

Laura und Julia tauschten einen verblüfften Blick. Es passte nicht zu Jenny, dass sie so intensiv über etwas nachdachte.

„Ich sehe nichts Schlimmes an einer Thanksgiving-Aufführung", beharrte Laura. „Ich finde es richtig, wenn man dankbar für das ist, was man hat."

„Ich behaupte ja gar nicht, dass die Aufführung etwas Schlechtes ist, vom Dankbarsein ganz zu schweigen", sagte Jenny. „Ich finde einfach, dass es noch mehr geben müsste. Schließlich gibt es unzählige Leute, die verglichen mit uns nicht viel haben, für das sie dankbar sein könnten."

Julia nickte nachdenklich. „Ja, zum Beispiel die Nachkommen der Indianer, denen man den Großteil ihres Landes weggenommen hat." Julia und ihre Klasse hatten vor einiger Zeit die Geschichte der Indianer durchgenommen und dabei gelernt, dass die Freundlichkeit der Eingeborenenstämme nur dazu geführt hatte, dass immer mehr europäische Siedler ins Land geströmt waren. Zahlreiche Indianer waren den von den Siedlern eingeschleppten Krankheiten zum Opfer gefallen oder von ihnen getötet worden, und die Überlebenden hatten das Land verloren, auf dem ihre Stämme schon seit Generationen lebten.

„Das stimmt", sagte Laura. „Ich frage mich, was Christine wohl von eurer Schulaufführung halten würde." Christine Lonetree war eine junge Indianerin und zudem Mitglied des Sattelclubs. Die Mädchen hatten sie kennen gelernt, als sie ihre Freundin Sara Devine auf der Ferienranch ihrer Eltern in Colorado besucht hatten. Christine lebte ganz in der Nähe jener Ranch und war ebenfalls mit Sara befreundet.

„Ich wette, sie wäre meiner Meinung", sagte Jenny.

„Ihr kennt doch Christine. Sie wäre bestimmt auch der Ansicht, dass Taten mehr sagen als Worte."

„Sie würde diese nachgemachten Indianerkostüme bestimmt grauenvoll finden", bemerkte Julia nachdenklich. „Ich wisst doch, was sie von diesen Shows hält, die für die Touristen abgezogen werden." Als die drei Christine zum ersten Mal getroffen hatten, hatte es zunächst Probleme gegeben, weil sie automatisch angenommen hatten, dass sie als Indianerin ständig an alten Stammesriten oder irgendwelchen Zeremonien teilnahm. Christine hatte sie recht schnell aufgeklärt, doch zog sie den Sattelclub noch heute gern mit seinen Vorurteilen über die Indianer auf.

„An welche Art von Taten hattest du denn gedacht, Jenny?", fragte Laura. „Also, an unserer Schule ist wieder diese Konservendosenaktion geplant …"

„Nun hör aber auf", unterbrach Jenny sie verächtlich. „Du weißt doch, wie so etwas abläuft – alle warten bis zur letzten Minute und schnappen sich dann irgendwelche Dosen aus der Speisekammer. Meistens handelt es sich dabei um Zeug, das sowieso niemand mehr essen würde. Und sag nicht, dass es für dich eine gute Tat ist, irgendeinem armen, nichts ahnenden Menschen eine Dose gebackene Bohnen vor die Füße zu knallen."

Julia und Laura tauschten einen weiteren Blick. Ihnen war klar, dass Jenny an etwas anderes dachte. Und wenn das der Fall war, war es erfahrungsgemäß vollkommen unmöglich zu erraten, worum es sich handelte. Dann konnte man nur nachfragen, und genau das tat Julia. „Was können wir denn abgesehen von Aufführungen und gebackenen Bohnen noch tun?"

„Ich bin froh, dass du das fragst", sagte Jenny und rieb sich eifrig die Hände. „Ich habe darüber nachgedacht und beschlossen, dass wir etwas tun sollten, was der wahren Bedeutung von Thanksgiving entspricht. Etwas Großzügiges und vollkommen Selbstloses."

„Was denn zum Beispiel?", wollte Laura wissen.

„Also, das weiß ich auch noch nicht so recht, aber es muss etwas sein, das jemandem hilft, ohne dass du davon profitierst", sagte Jenny. „Es muss deshalb etwas Selbstloseres sein. Etwas, das vielleicht sogar ein Opfer von uns verlangt."

Laura schüttelte den Kopf. „Ich schätze, die Idee ist nicht schlecht, aber ich weiß immer noch nicht genau, was ich tun soll."

„Ich auch nicht", bestätigte Julia.

„Also, ich weiß, dass mir etwas Passendes einfallen wird", behauptete Jenny. „Und es wird die wahre Bedeutung von Thanksgiving widerspiegeln, denn ich werde genauso freundlich und hilfsbereit sein wie die Indianer, die den ersten Siedlern geholfen haben, am Leben zu bleiben. Ich weiß noch nicht genau, was ich tun werde, aber mir wird etwas einfallen, bevor wir nächste Woche zu unseren Verwandten fahren. Ihr werdet es sehen."

Wie Laura und Julia hatte auch Jenny am Donnerstag und Freitag der kommenden Woche schulfrei, und Jennys Eltern hatten beschlossen, den Feiertag bei Jennys Tante zu verbringen.

„Ich werde versuchen, auch etwas zu finden", sagte Julia. Sie wusste zwar nicht, was diese tief schürfenden Gedanken bei Jenny ausgelöst hatte, aber sie musste zugeben, dass Jenny Recht hatte, wenn sie behauptete, dass die meisten Leute nicht genug taten, wenn es darum ging, des ersten Thanksgiving-Festes zu gedenken.

„Ja, ich auch", versprach Laura. „Das ist einmal ein etwas anderes Sattelclubprojekt."

Jenny fing an zu strahlen. „Super!", jubelte sie. „Auch wenn alle anderen glauben, dass es reicht, Truthahn zu essen und sich Football im Fernsehen anzusehen, werden wir ihnen beweisen, dass das nicht alles ist. Wir werden ihnen die wahre Bedeutung des Festes vor Augen führen!"

„Abgemacht", sagte Laura, und Julia nickte. Die drei stießen mit ihren Bechern darauf an und tranken dann in aller Ruhe ihren Kakao aus.

# 2

Am darauf folgenden Montag eilte Laura sofort nach der Schule in den Stall. Der Hufschmied würde kommen, um einige der Pferde zu beschlagen, darunter auch Silberstern, und das wollte Laura auf keinen Fall verpassen.

Sie ließ sich keine Gelegenheit entgehen, etwas zu lernen, das mit Pferden zu tun hatte. Sie hatte längst entschieden, dass sie später einmal einen Pferdeberuf ergreifen wollte, wusste allerdings noch nicht genau, ob sie Pferde trainieren, besitzen, heilen oder einfach nur reiten wollte – oder vielleicht alles auf einmal.

Doch bis es so weit war, wollte sie alles lernen, was es über Pferde zu wissen gab. Das war kein großes Problem, denn Gelegenheiten boten sich mehr als genug. Dazu gehörten die alltäglichen Stallarbeiten, wie etwa das Füttern und Pflegen von Pferden und Sattelzeug. Und dann gab es noch die unvorhergesehenen Situationen, wenn zum Beispiel ein Pferd krank wurde oder sich verletzte. Laura hatte eine Zeit lang die Tierärztin Judy Barker auf ihren Runden begleitet und dabei viel von deren Arbeit mitbekommen. Und dann waren da noch

Dinge wie das Beschlagen, das manchen Leuten vielleicht etwas langweilig vorkam. Laura wusste jedoch, dass ein korrekter Hufbeschlag sehr zum Wohlbefinden des Pferdes beitrug. Pferdehufe waren komplizierter aufgebaut, als sie aussahen, und es war lebenswichtig für das Pferd, sie in einem guten Zustand zu erhalten.

Laura wurde aus ihrem Gedanken gerissen, als sie durch die Stalltür rannte und dabei beinahe mit Veronica diAngelo zusammengestoßen wäre.

„Huch! Entschuldige", rief Laura aus. Sie hatte gar nicht mehr daran gedacht, dass Garnet an diesem Tag auch neue Hufeisen bekommen sollte. Von den anderen jungen Reitern aus ihrer Gruppe war niemand im Stall, weil an diesem Tag kein Reitunterricht stattfand. „Tut mir Leid. Ich habe nicht aufgepasst."

Laura war auf die übliche schnippische Bemerkung von Veronica vorbereitet, doch das Mädchen nickte nur. „Das macht doch nichts", sagte Veronica.

Laura war verblüfft. Veronica war bekannt für ihre Ungeduld, und sie konnte es nicht leiden, wenn ihr jemand in die Quere kam – buchstäblich, aber auch im übertragenen Sinn. „Bist du hier, weil Garnet neu beschlagen wird?", fragte Laura. Dann fiel ihr wieder ein, dass Max ja auf Veronicas Anwesenheit bestanden hatte.

„Ja", sagte Veronica. „Der Schmied ist gerade bei Geronimo. Ich glaube, danach soll Silberstern an die Reihe kommen und dann Garnet."

„Aha.“ Laura wusste nicht recht, was sie sonst zu dieser neuen, ungewöhnlich höflichen Veronica sagen sollte. „Möchtest du mitkommen und bei Silberstern zusehen?“

Veronica zuckte mit den Achseln. „Klar, warum nicht.“

Die beiden gingen auf Silbersterns Box zu. „Hast du schon einmal beim Beschlagen zugesehen?“, fragte Laura.

Veronica schüttelte den Kopf. „Ich bin nur hier, weil Max darauf bestanden hat“, sagte sie, doch es hörte sich erstaunlicherweise nicht gereizt an, sondern vielmehr nachdenklich.

Laura sah sie prüfend an: „Geht´s dir gut?“

„Klar“, sagte Veronica schnell. „Da sind wir schon.“

Laura hatte den Verdacht, dass Veronica versuchte, das Thema zu wechseln. Sie beschloss, den Mund zu halten, denn sie hatten Silbersterns Box erreicht, vor der Max und der Schmied bereits warteten.

„Hallo, Laura, Veronica“, begrüßte Max sie. Laura glaubte, einen Anflug von Verblüffung auf seinem Gesicht zu entdecken, als er sie beide zusammen sah. Er erholte sich jedoch schnell wieder davon und stellte Veronica dem Schmied Alec McAllister vor. Laura kannte ihn schon länger, weil er alle vier bis sechs Wochen kam, um Silberstern zu beschlagen und weil sie nach Möglichkeit jedes Mal dabei war.

„Erfreut, dich kennen zu lernen, Veronica. Hallo, Laura", sagte Alec und gab erst Veronica die Hand und dann Laura. Dann sah er Silberstern an, der neugierig über seine Boxentür schaute. „Und hallo, Silberstern. Kennst du mich noch?"

„Na logisch", antwortete Laura lächelnd für ihr Pferd.

Laura holte Silberstern aus der Box und band ihn mitten auf der Stallgasse mit zwei Führleinen fest, sodass der Schmied genug Platz zum Arbeiten hatte. Dann klopfte sie Silberstern schnell den Hals und trat zurück, damit Alec anfangen konnte.

Bei der Arbeit unterhielt er sich mit Max über die anderen Pferde, die an diesem Tag noch seiner Dienste bedurften. Da Alec einen großen Kundenkreis hatte, konnte er nur ein paar Mal im Monat nach Pine Hollow kommen und hatte dann immer viel zu tun.

Laura fiel auf, dass Veronica gelangweilt an der Stallwand lehnte. Sie beschloss, ihr die Vorgehensweise des Schmiedes zu erklären, für den unwahrscheinlichen Fall, dass es Veronica interessierte. „Siehst du?", fragte Laura und machte eine Kopfbewegung in Richtung Schmied, der einen von Silbersterns Vorderhufen bearbeitete. „Mr McAllister hat die alten Hufeisen bereits abgenommen und kontrolliert jetzt, ob die Hufe gesund sind."

Veronica zuckte nur mit den Achseln, was Laura einfach als Einladung zum Fortfahren auffasste.

„Und jetzt schneidet er das abgestorbene Horn vom Strahl ab“, sagte sie. „Das ist dieses gummiartige Dreieck in der Mitte der Hufsohle“, fügte sie hinzu.

„Ich weiß, was der Strahl ist“, erwiderte Veronica ein wenig gereizt.

„Entschuldige“, sagte Laura und bemühte sich, ein Lächeln zu unterdrücken. „Auf jeden Fall wird vom Strahl nur das ausgefranste Horn entfernt, damit sich darunter kein Schmutz ansammelt. Das darunter liegende gesunde Horn darf nicht weggeschnitten werden. Als Nächstes werden dann die Ränder der Hufwand mit der Raspel berundet.“

Sie schwieg einen Moment, um dem Schmied Zeit zu lassen, ihren Worten die entsprechenden Taten folgen zu lassen. Als Alec die Raspel in die Hand nahm, unterbrach er seine Unterhaltung mit Max und sah Laura an. „Fahren Sie fort, Frau Lehrerin“, meinte er und blinzelte ihr zu. Max grinste.

Wie peinlich. Die beiden Männer waren so in ihr Gespräch vertieft gewesen, dass Laura geglaubt hatte, dass sie ihr nicht zuhörten. Es war ihr ein wenig unangenehm, dass sie sie dabei erwischt hatten, wie sie Veronica einen Vortrag über das Beschlagen hielt. Aber andererseits wusste sie, wovon sie redete, und so fuhr sie tapfer fort.

„Besonders wichtig ist es, dass sich das Gewicht des Pferdes auch in der Bewegung gleichmäßig auf den gesamten Huf verteilt", erklärte sie. „Danach wird dann das neue Eisen aufgenagelt, das vorher für Silbersterns Huf passend gemacht wurde ..."

„Willst du damit sagen, dass Pferde verschiedene Schuhgrößen haben, genau wie Menschen?", fragte Veronica, deren Interesse auf einmal geweckt war.

Laura fragte sich, ob es daran lag, dass dies etwas war, was sich das modebewusste Mädchen bildhaft vorstellen konnte. Sie suchte nach einer Möglichkeit, es Veronica so zu erklären, dass sie es verstand. „Äh, ja, klar", sagte sie. „Das ist, als würdest du im Schuhgeschäft Schuhe anprobieren. Die haben auch alle verschiedene Größen."

Veronica nickte eifrig. „Ja, und das Schrecklichste ist, dass sie die Schuhe, die mir gefallen, nie in meiner Größe vorrätig haben. Meine Mutter sagt, dass mir das so oft passiert, weil ich einen so schlanken Fuß habe ..."

„Aha", unterbrach Laura sie. Sie wollte unbedingt vermeiden, dass Veronica anfing, übers Einkaufen zu schwatzen – darüber konnte sie garantiert genauso lange reden wie Laura über Pferde! „Und der Grund, warum du die Schuhe in deiner Größe haben möchtest, ist, dass sie sonst unbequem wären. Du würdest vielleicht sogar Blasen bekommen und irgendwann überhaupt nicht mehr laufen können."

„Meinst du?", fragte Veronica zweifelnd. „Also ich lasse mich gewöhnlich von einem Geschäft zum anderen fahren, bis ich meine Schuhe in der richtigen Größe bekomme. Einmal allerdings wollte ich unbedingt diese wundervollen Wildlederschuhe, doch in keinem Geschäft waren sie in meiner Größe zu haben. Schließlich hat mein Daddy einen Geschäftsfreund gebeten, sie mir aus New York zu schicken." Sie lächelte triumphierend.

Laura unterdrückte ein Seufzen. „Das ist schön für dich, aber um wieder zum Thema zurückzukommen: Bei Pferden ist der perfekte Sitz der Hufeisen noch wichtiger als gut passende Schuhe bei dir. Schließlich haben die Schuhe eines Pferdes wesentlich mehr Gewicht zu tragen, und wir wissen ja alle, wie gefährlich Beinverletzungen bei Pferden sind."

„Schon klar, die Hufeisen müssen passen. Ich habe es kapiert", sagte Veronica ungeduldig.

„Nun, zur Befestigung des Hufeisens dienen Nägel und die Aufzüge. Die Aufzüge sind bereits in das Hufeisen eingeschmiedet, und sie werden mit dem Hammer flach an die Hufwand angelegt. Die Nägel werden durch die Löcher im Eisen in das Horn geschlagen." Laura konnte sich gerade noch rechtzeitig bremsen, bevor sie Veronica erklärte, dass das Horn die schmerzunempfindliche äußere Kapsel des Hufs ist. „Das tut dem Pferd nicht weh, genauso wenig wie uns das Schneiden der Fingernägel. Und das war´s dann – das Pferd hat neue Eisen."

„Hmmm", machte Veronica. „Ich wusste gar nicht, wie kompliziert das ist."

Laura vermutete, dass es im Zusammenhang mit Pferden eine Menge komplizierter Dinge gab, von denen Veronica keine Ahnung hatte – aus dem einfachen Grund, weil sie nie etwas von diesen Dingen tat. Doch ihr war auch klar, dass sie schnellstens aufhören sollte, darüber nachzudenken, denn sonst würde sie mit Sicherheit wütend werden, und das wollte sie vermeiden, solange Veronica sich beinahe menschlich benahm. Also beschloss sie, das Thema zu wechseln. „Na, Veronica, was haben deine Eltern und du denn für Thanksgiving geplant?"

Veronica runzelte die Stirn. „Meine Eltern werden das Wochenende auf den Bahamas verbringen."

„Super!", sagte Laura. Manchmal war es wirklich schwer, sich nicht von Veronicas Reichtum beeindrucken zu lassen. Natürlich verdiente Lauras Vater als Oberst bei der Marineinfanterie nicht schlecht, und er war vor kurzem für fünf Tage mit ihr in Florida gewesen, doch sie konnte sich nicht vorstellen, dass er jemals auf die Idee käme, mal eben mit ihr übers Wochenende auf die Bahamas zu fliegen. „Das ist ja toll. Jetzt, wo es so eisig kalt ist, ist die perfekte Zeit, um in die Sonne zu flüchten. Bist du schon einmal dort gewesen?"

„Natürlich. Aber leider werde ich diesmal nicht mitfliegen", sagte Veronica, und es hörte sich ziemlich verbittert an. Sie warf Laura einen kurzen Seitenblick zu. „Ich bin nicht eingeladen."

„Was?“, rief Laura aus. „Aber es ist Thanksgiving! Wie können deine Eltern einfach verreisen und dich zurücklassen?“

Laura merkte sofort, dass das nicht gerade taktvoll gewesen war. Sie konnte Veronica ansehen, dass ihre Frage sie mehr aufregte, als man es ihrer schnippischen Antwort entnehmen konnte. „Das wüsste ich auch gern“, fauchte sie.

„Tut mir Leid“, sagte Laura schnell.

„Schon gut“, lenkte Veronica ein. „Es ist ja nicht deine Schuld, dass meinem Vater eine dämliche Golfreise wichtiger ist, als an Thanksgiving zu Hause zu sein.“

„Aber warum nehmen sie dich nicht mit?“, fragte Laura. „Dann wärt ihr doch wenigstens an diesem Tag alle zusammen.“ Laura wusste, dass die diAngelos mehr als genug Geld hatten, um Veronica mitnehmen zu können. Genau genommen hatten sie sogar genug Geld, um alle Reiter von Pine Hollow auf die Bahamas mitzunehmen – von den Pferden ganz zu schweigen!

„Es ist eine Art Geschäftsreise“, erklärte Veronica. „Irgendein superwichtiger Klient von meinem Vater hat dort ein Ferienhaus, direkt neben einem berühmten Golfclub. Also hat er meinen Vater und seinen Partner dorthin eingeladen – mit Ehefrauen, aber ohne Kinder.“

„Das ist schrecklich“, rief Laura. „Wie kann denn jemand zu dieser Jahreszeit eine Familie auseinander reißen?“

Veronica seufzte. „Mein Vater hat gesagt, dass dieser Kerl kein Amerikaner ist, sondern Engländer. Also hat er, als er diese Reise geplant hat, wahrscheinlich nicht einmal daran gedacht, dass bei uns Thanksgiving ist."

„Oh, das erklärt natürlich alles", scherzte Laura. „Wahrscheinlich ärgert er sich immer noch über die Unabhängigkeitserklärung." Der Gedanke, dass ein moderner Engländer sich immer noch darüber ärgern könnte, dass sich die USA vor mehr als zweihundert Jahren von England losgesagt hatten, ließ sie kichern.

Doch Veronica seufzte abgrundtief. „Was auch immer der Grund sein mag, auf jeden Fall muss ich Thanksgiving dieses Jahr in Gesellschaft des Stubenmädchens und des Chauffeurs verbringen."

Laura versuchte, etwas Gutes daran zu finden. „Ich dachte immer, du hast die beiden gern." Miles, der Chauffeur der diAngelos, hatte Veronica unzählige Male in Pine Hollow abgeholt. Zu Laura war er immer sehr nett gewesen. Er war sogar nett zu Veronica, auch wenn sie ihre zickige Phase hatte, was fast immer der Fall war.

„Das habe ich auch", sagte Veronica. „Aber sie haben beide Familie, und ich wette, dass sie Thanksgiving lieber bei ihren Angehörigen verbringen würden, als auf mich aufzupassen. Sie tun es nur, weil mein Vater ihnen an diesem Wochenende den dreifachen Lohn zahlt." Sie lächelte matt. „Das war einfach ein Angebot, das sie nicht ausschlagen konnten."

„Oh." Laura wusste nicht, was sie dazu sagen sollte. Sie wünschte, dass Julia da wäre. Sie wusste immer, was man sagen musste, um andere zu trösten. Und Laura wurde klar, dass ihr wirklich daran gelegen war, Veronica zu trösten, auch wenn der Sattelclub normalerweise immer alles daransetzte, dass sie sich schlecht fühlte. Das geschah allerdings nie grundlos, sondern nur, wenn Veronica wieder einmal ihr Pferd schlecht behandelte – oder den Sattelclub.

Doch diesmal war es anders. Bisher wäre Laura nie auf die Idee gekommen, dass Veronica verletzlich sein könnte. Immerhin hatte sie alles, was man sich nur wünschen konnte, zumindest in materieller Hinsicht. Sie wohnte in einem riesigen, vornehmen Haus, trug teure Designer-Reitsachen, einschließlich traumhafter Lederreitstiefel, die vermutlich genauso viel gekostet hatten wie der gesamte Inhalt von Lauras Kleiderschrank, und über ihr Taschengeld brauchte sie sich auch nie Sorgen zu machen. Und was noch wichtiger war – zumindest für Laura –, war, dass ihr Garnet gehörte, die nicht nur wunderschön und gut ausgebildet war, sondern auch noch ein reinrassiges Arabisches Vollblut.

Je länger Laura aber darüber nachdachte, desto überzeugter war sie, dass sie nicht mit Veronica tauschen wollte, nicht einmal für eine Sekunde. Ihr war schon oft aufgefallen, dass die diAngelos immer versuchten, Probleme mit Geld zu lösen, auch wenn klar war, dass das nicht funktionieren würde. Immer, wenn Veronica einen ihrer Wutanfälle bekam, boten ihre Eltern an, ihr irgendetwas zu kaufen, damit sie sich besser fühlte. Laura hatte den Verdacht, dass sie das taten, weil es schneller ging, als ihrer Tochter zuzuhören und zu versuchen, ihr Problem zu lösen. Sie wusste, dass Mr diAngelo einen wichtigen Job hatte und beruflich sehr eingespannt war.

Laura musste an ihren eigenen Vater denken. Sie hatten sich schon immer sehr nahe gestanden, doch seit dem Tod ihrer Mutter war die Beziehung zu ihm noch enger geworden. Sie konnte ihrem Vater alles erzählen und wusste, dass er ihr zuhörte. Sogar ihre Freundinnen konnten sich darauf verlassen, dass Oberst Hanson zuhörte und half, wenn es in seiner Macht stand.

Dieser Gedanke brachte sie auf eine Idee. Wenn ihr Vater Jenny und Julia bei ihren Problemen helfen konnte, warum dann nicht auch Veronica? Und wenn sie es schaffte, ihren Vater dazu zu bringen, dass er Veronica half, obwohl sie selbst Veronica nicht einmal leiden konnte, dann wäre das die perfekte selbstlose Tat und damit ein ideales Thanksgiving-Projekt!

„He, Veronica“, stieß sie hervor, bevor sie wusste, was sie tat. „Warum verbringst du die Feiertage nicht bei uns? Ich bin sicher, mein Vater hätte nichts dagegen.“

Veronica sah sie überrascht an. Zunächst schien sie misstrauisch, doch dann wirkte sie eher nachdenklich. „Warum nicht“, sagte sie. „Das ist wahrscheinlich besser als nichts." Sie schwieg einen Augenblick. „Es könnte sogar ganz lustig werden." Sie lächelte Laura an. „Ich werde gleich meine Eltern anrufen und sie fragen. Ich bin sicher, dass sie es erlauben – sie fühlen sich wegen dieser ganzen Sache schon schuldig genug. Vielen Dank, Laura. Ich bin froh, dass du mich gefragt hast."

„Gern geschehen. Wir werden bestimmt viel Spaß haben", sagte Laura automatisch und fragte sich verzweifelt, worauf sie sich da eingelassen hatte. Aber für einen Rückzieher war es jetzt zu spät.

„Max, darf ich das Telefon in deinem Büro benutzen? Biiiitte?", flötete Veronica.

„Natürlich", sagte Max überrascht. Normalerweise durften die Reiter dieses Telefon nur im Notfall benutzen und sollten für alle anderen Gespräche den Münzfernsprecher nehmen.

Laura biss sich auf die Lippe und versuchte, sich auf die Arbeit des Hufschmieds zu konzentrieren, während sie auf Veronicas Rückkehr wartete. Doch in ihrem Kopf überschlugen sich die Gedanken, und sie bekam kaum etwas mit. Sie und ihr Vater hatten ein stilles Thanksgiving-Essen geplant. Seit dem Tod ihrer Mutter war dieser Feiertag für Laura und ihren Vater immer ein ruhiges, aber trotzdem ganz besonderes Fest gewesen. Sie nutzten den Tag, um sich an sie zu erinnern, waren dankbar für die Zeit, die sie mit ihr verbringen durften, und dankbar dafür, dass sie einander hatten. Für dieses

Jahr hatten sie geplant, gemeinsam zu kochen und in Ruhe zu essen und sich danach einen Krimi im Fernsehen anzusehen.

Obwohl Veronica heute wesentlich menschlicher war als sonst, konnte sich Laura nicht vorstellen, dass sie an diesen bescheidenen Plänen Gefallen finden würde. Ganz abgesehen davon, dass sie es sich gar nicht vorstellen *wollte*.

In diesem Augenblick kam Veronica zurück, vom Rennen außer Atem. „Es geht alles klar“, berichtete sie Laura aufgeregt. „Meine Eltern haben nichts dagegen. Sie setzen mich Mittwoch auf dem Weg zum Flughafen hier ab, und dann kann ich mit dir gehen, wenn du Silberstern versorgt hast.“

„Toll“, sagte Laura. „Ich kann es kaum erwarten.“ Plötzlich kam ihr ein anderer Gedanke. Was würden Jenny und Julia sagen? Beinahe hätte Laura laut aufgestöhnt. Sie hatte den Verdacht, dass sie von ihren Freundinnen einiges zu hören bekommen würde. Andererseits, so sagte sie sich, hatten sie abgemacht, zu Thanksgiving etwas wirklich Großzügiges und Selbstloses zu tun. Und wenn sie sich Veronicas strahlendes Lächeln ansah, hatte sie den Eindruck, sie wirklich glücklich gemacht zu haben.

Und das ist schließlich die wahre Bedeutung von Thanksgiving, dachte Laura. Oder etwa nicht?

# 3

Am Dienstag traf Laura etwa vierzig Minuten vor ihrer Reitstunde im Stall ein. Sie hatte Jenny und Julia noch nichts von ihrem Thanksgiving-Projekt erzählt. Genau genommen wünschte sie sich nichts sehnlicher, als die Zeit zurückdrehen und die Einladung ungeschehen machen zu können.

Als Laura ihrem Vater davon erzählt hatte, war er sofort einverstanden gewesen. Er schien sich sogar auf Veronicas Besuch zu freuen. Das liegt nur daran, dass er sie kaum kennt, dachte Laura nüchtern. Ihr Vater gehörte zu den erwachsenen Helfern bei den Pferdeprofis, dem Ponyclub von Pine Hollow, und er war Veronica bei den Clubtreffen oft begegnet. Allerdings hatte er noch nie erlebt, wie furchtbar sie sich aufführen konnte, wenn etwas nicht so lief, wie sie es erwartete.

Normalerweise hätte sich Laura sofort mit ihrem Problem an ihre Freundinnen gewendet. Alle drei nahmen die Clubregel, die besagte, dass sie einander helfen mussten, sehr ernst, und Laura wusste, dass sie sich in jeder Hinsicht auf Jenny und Julia verlassen konnte. Ihr war aber auch bewusst, dass weder sie noch ihre Freundinnen etwas zur Lösung dieser speziellen Situation beitragen konnten. Wenn sie – oder Veronica – nicht in den nächsten paar Tagen von einer ernsten Krankheit befallen wurden, würden sie das Thanksgiving-Wochenende zusammen verbringen, ob sie nun wollten oder nicht. Außerdem wurde Laura den Gedanken nicht los, dass Jenny zum Teil an dieser verfahrenen Situation schuld war. Wäre sie nicht auf die Idee mit dem Thanksgiving-Projekt gekommen, hätte Laura nicht im Traum daran gedacht, Veronica einzuladen.

Jetzt aber musste sich Laura erst einmal um Silberstern kümmern. Als sie ihn das letzte Mal abgesattelt hatte, war ihr aufgefallen, dass die Naht an einem ihrer Steigbügelriemen sich aufzulösen begann. Sie war an diesem Tag extra früh nach Pine Hollow gekommen, um den Riemen zu ersetzen – und den anderen gleich mit. Wenn die Naht auf einer Seite bereits verschlissen war, konnte es nicht mehr lange dauern, bis das auch auf der anderen Seite passierte. Durch das Aufsitzen war der linke Steigbügelriemen stärkeren Belastungen ausgesetzt und dehnte sich auch stärker als der rechte, doch wie jeder gewissenhafte Reiter hatte es sich auch Laura zur Gewohnheit gemacht, den linken und rechten Riemen regelmäßig auszutauschen, damit beide gleichermaßen beansprucht wurden und die gleiche Länge behielten. Jetzt war es an der Zeit, beide auszuwechseln, und das wollte Laura sofort tun. Wenn ein Steigbügelriemen beim Reiten riss, war das nicht nur lästig, es konnte auch gefährlich werden.

Sie ging zur Sattelkammer. Als sie dort ankam, war sie so in Gedanken versunken, dass ihr zunächst gar nicht auffiel, dass die Tür von Mrs Regs Büro, das direkt an die Sattelkammer angrenzte, einen Spaltbreit offen stand. Als sie dann in einer Kiste voller Ersatzriemen herumwühlte, hörte sie eine Männerstimme aus dem Nebenraum. Sie hielt inne und lauschte lange genug, um festzustellen, dass es Max war, der sich am Telefon angeregt mit jemandem unterhielt. Dann richtete sie ihre Aufmerksamkeit wieder auf das Gewirr von Riemen.

Plötzlich hörte Laura etwas, das sie die Steigbügelriemen vergessen ließ. War sie verrückt, oder hatte Max tatsächlich gerade etwas von einem „wundervollen Wesen" gesagt und dabei leise *gelacht*?

Max war all seinen Schülern ein guter Freund, natürlich auch dem Sattelclub, trotzdem musste Laura zugeben, dass sie kaum etwas über sein Privatleben wussten. Wenn sie ehrlich war, musste sie sogar zugeben, dass sie immer davon ausgegangen war, dass Max außerhalb von Pine Hollow gar kein Leben hatte. Doch jetzt hörte es sich so an, als erzählte Max jemandem am Telefon von einer Frau!

Laura ließ die Riemen fallen, die sie in der Hand hatte, und wagte sich so dicht wie möglich an die Bürotür.

Einen Augenblick lang fühlte sie sich schlecht, weil sie Max belauschte, doch seine nächsten Worte ließen dieses Gefühl schlagartig verschwinden.

„Dann ist ja alles geklärt", sagte Max. „Sag Lillian bitte, ich hoffe, sie bald zu sehen, wenn ich jemanden finde, der hier ein paar Tage die Stellung hält." Er lachte wieder leise. „Und sag diesem wundervollen Wesen, dass ich darauf hoffe, dass sie nach meinem Besuch bereit sein wird, mit mir nach Hause zu kommen!"

Laura schnappte nach Luft und schlug sich schnell die Hand vor den Mund. Hoffentlich hatte Max sie nicht gehört. Ein wundervolles Wesen, das Max mit nach Hause bringen wollte? Das konnte nur eines bedeuten – Max war verliebt! Laura konnte kaum glauben, dass er diese Tatsache bisher mit keinem Wort erwähnt hatte. Das war alles so romantisch!

Ihr blieb jedoch keine Zeit, länger darüber nachzudenken, denn sie hörte, wie Max sich verabschiedete und den Hörer auflegte. Dann scharrten die Beine von Mrs Regs altem Holzstuhl über den Fußboden. In einer Sekunde würde Max herauskommen, sie sehen und sofort wissen, dass sie sein Gespräch belauscht hatte. Wenn er nur mit dem Futtermittelhändler über die Haferpreise diskutiert hätte oder so etwas, hätte das keine Rolle gespielt, doch Laura fürchtete, dass es ihn in Verlegenheit bringen oder wütend machen würde, wenn er wüsste, dass sie seine Bemerkungen über den Besuch bei seiner Freundin mit angehört hatte. Und wenn er wirklich vorhatte, die Frau nach Pine Hollow mitzubringen, ohne dass jemand darüber Bescheid wusste, dann wollte er vermutlich, dass es ein Geheimnis blieb. Vielleicht wusste nicht einmal Mrs Reg davon! Vielleicht hatten Max und seine Traumfrau vor, miteinander durchzubrennen! Vielleicht …

Doch im Moment blieb Laura keine Zeit mehr für weitere *Vielleichts*. Sie warf einen hektischen Blick auf die Tür zur Sattelkammer und überlegte, in den Stall zurückzurennen. Das Problem war nur, dass die Kiste mit den Riemen noch offen stand. Sie zu schließen war unmöglich, weil der Deckel so laut quietschte, dass Max sofort merken würde, dass sie da war, und die Kiste offen zu lassen ging auch nicht, weil Max sich darüber so ärgern würde, dass er keine Ruhe geben würde, bis er die Schuldige gefunden hatte. Sie saß in der Falle!

Plötzlich fiel ihr Blick auf Reds Walkman. Laura wusste, dass der Pfleger beim Sattelputzen oft Musik hörte. Zu ihrem Glück hatte er diesmal vergessen, das kleine Gerät wieder einzustecken. Blitzschnell sauste Laura auf Zehenspitzen zurück in die Sattelkammer, schnappte sich den Walkman und setzte den Kopfhörer auf. Sie hatte gerade noch Zeit, die Starttaste zu drücken, die Lautstärke voll aufzudrehen und sich vor die Kiste mit den Lederriemen zu setzen, als Max mit einem breiten Lächeln im Gesicht aus Mrs Regs Büro kam.

Er schien erstaunt, sie zu sehen. „Oh – hallo, Laura", sagte er freundlich. Der Gedanke, dass sie sein Gespräch mit angehört hatte, kam ihm nicht, und Laura beglückwünschte sich selbst zu ihrer Idee mit dem Walkman.

Sie tat ebenfalls so, als wäre sie überrascht, ihn zu sehen. „Oh, hallo Max. Ich wusste nicht, dass du da drin warst." Sie winkte ihm beiläufig zu und wühlte dann wieder in den Riemen herum, wobei sie den Kopf im Takt der Musik bewegte.

„Äh, ja, ich habe telefoniert", sagte Max. Etwas verwirrt starrte er auf den Kopfhörer. „Ist das nicht Reds Walkman?"

„Was hast du gesagt? Ich kann dich nicht hören", sagte Laura laut. In Wirklichkeit verstand sie ihn ausgezeichnet, trotz der lauten Countrymusic, die aus dem Kopfhörer dröhnte. Doch sie war entschlossen, lieber auf Nummer Sicher zu gehen und so zu tun, als hörte sie keinen Ton.

Max kam auf sie zu und nahm ihr die Kopfhörer ab. Die Stimme einer Frau mit starkem Südstaatenakzent drang dünn und blechern aus den winzigen Lautsprechern. Max begann, ein wenig misstrauisch auszusehen. „Seit wann stehst du auf Countrymusic, Laura?", fragte er und schaltete den Walkman aus.

„Ach, ich weiß nicht", murmelte Laura ausweichend. „Manchmal ist mir eben danach."

Max schien mit ihrer Antwort zufrieden zu sein.

„Hauptsache, du vergisst über deiner neuen Liebe zur Countrymusic nicht, rechtzeitig zur Reitstunde zu kommen." Mit diesen Worten verließ er den Raum, und Laura atmete erleichtert auf.

Dann musste sie grinsen. Sie konnte es kaum noch erwarten, Jenny und Julia von dem zu berichten, was sie gehört hatte. Max hatte eine Freundin! Das war wirklich eine tolle Neuigkeit!

Doch plötzlich fiel ihr wieder ein, dass sie noch eine weitere Neuigkeit für die beiden hatte: das Projekt Veronica. Laura stöhnte. Ob sie sie nun verspotten würden oder nicht, es hatte keinen Sinn, es noch länger vor ihnen geheim zu halten. Vielleicht würde Jenny sogar stolz auf sie sein, dachte Laura hoffnungsvoll.

Als Jenny und Julia kamen, erweckten Jennys erste Worte den Anschein, als hätte sie Lauras Gedanken gelesen. „Hallo, Laura. Hast du schon ein Thanksgiving-Projekt gefunden?"

Laura schluckte. Eigentlich hatte sie vorgehabt, es ihren Freundinnen schonend beizubringen. „Ja, allerdings", sagte sie.

„Ehrlich?", fragte Jenny aufgeregt. „Julia und ich habe zwar ein paar Ideen, aber bisher haben wir das Richtige noch nicht gefunden. Also, worum geht es bei deinem Projekt?"

Laura beschloss, es geradeheraus zuzugeben. Und das tat sie. „Ich habe Veronica eingeladen, das Wochenende bei uns zu verbringen", sagte sie, ohne einmal Luft zu holen.

Jenny und Julia sahen sie einen Moment lang an, als hätte sie den Verstand verloren. Dann prusteten beide los. „Gar nicht schlecht, Laura", schnaufte Jenny. „Eine Minute lang hätte ich dir fast geglaubt!"

Es kostete einige Mühe, doch schließlich schaffte es Laura, die beiden davon zu überzeugen, dass es ihr ernst war. Sie erzählte ihnen von Veronicas Eltern. „Sie hat mir einfach Leid getan, weil sie das Wochenende fast allein verbringen sollte", sagte sie.

„Also, in meinen Augen bist du diejenige, die einem Leid tun kann", erklärte Jenny.

„Das finde ich auch", bestätigte Julia. „Ich glaube, dass du die Selbstlosigkeit übertreibst. Ein ganzes Wochenende mit Veronica zu verbringen ist das größte Opfer, zu dem Menschen fähig sind!"

„Ja, die wahre Bedeutung von Thanksgiving ist eine Sache. Aber für das, was du vorhast, sollte man dich heilig sprechen", fügte Jenny nur halb im Scherz hinzu.

Laura seufzte. „Ich weiß, ich weiß. Aber ihr hättet Veronica gestern sehen sollen. Sie war schon beinahe, nun ja, *nett.*"

„Das ist unmöglich", behauptete Jenny. „Alles, was ich dazu sagen kann, ist, dass ich nur froh bin, dass ich nicht diejenige bin, die sich mit ihr abgeben muss. Ich bin außerdem froh, dass ich weit weg sein werde, denn dann muss ich nicht zusehen, wie *du* dich mit ihr abgibst."

Laura entschied, dass der Zeitpunkt gekommen war, das Thema zu wechseln. „Vergesst Veronica", sagte sie. „Ich werde das Wochenende schon irgendwie überleben. Aber ich habe eine wichtige Neuigkeit für euch!" Eilig berichtete sie den beiden, was sie gehört hatte.

„Ich glaube es nicht!", rief Julia. „Max hat eine Freundin!"

Jenny fand, dass Julia sich beinahe wie eine stolze Mutter anhörte, und das sagte sie ihr auch. „Nicht, dass ich dir daraus einen Vorwurf mache", fügte sie hinzu. „Ich finde es auch ziemlich aufregend, dass Max verliebt ist und vielleicht sogar heiraten wird. Für mich klang es, als wollte er, dass diese Lillian bei ihm einzieht. Stellt euch nur vor, vielleicht gibt es schon bald eine Hochzeit in Pine Hollow!"

„Vielleicht wollen sie aber auch miteinander durchbrennen", sagte Laura. „Ich wette, Mrs Reg weiß nichts davon." Sie seufzte schwärmerisch. „Lillian ist ein wundervoller Name."

Julia holte ihre Freundinnen wieder zurück auf den Boden der Tatsachen. „Lasst uns den Ereignissen nicht zu weit vorgreifen", riet sie. „Nach allem, was du gehört hast, können wir nicht beurteilen, wie ernst es den beiden ist. Es ist durchaus möglich, dass dies Max' erste Verabredung mit der Frau ist."

„Schon möglich", gab Laura voller Zweifel zu. „Aber Max hat sich am Telefon angehört, als wäre es ihm absolut ernst mit ihr. Immerhin hat er gesagt, dass er sich wünscht, dass sie mit ihm nach Hause kommt. Ich frage mich nur, wann er sie wohl besuchen will ... Er hat nichts gesagt, nur dass er hofft, sie bald zu sehen."

„Es war schlau von dir, ihn nicht merken zu lassen, dass du mitgehört hast", sagte Jenny. „Wenn er wüsste, dass wir Bescheid wissen, würden wir nie etwas aus ihm herausbekommen. Aber so wird er vollkommen arglos sein, und wenn wir die richtigen Fragen stellen ..."

„Ich finde, alles über seine Liebesaffäre herauszufinden, sollte unser nächstes Sattelclubprojekt sein", verkündete Laura.

„Der Meinung bin ich auch", stimmte Jenny ihr zu. „Ich wünschte nur, mir fiele etwas ein für unser anderes Projekt. Wir fahren schon morgen zu meiner Tante, und bisher ist mir keine brauchbare Idee gekommen."

„Das geht mir genauso", sagte Julia. „Aber zumindest habe ich eine Idee, was wir jetzt tun könnten: unsere Pferde satteln. Der Unterricht beginnt bald."

Laura warf einen Blick auf ihre Uhr. „Oh Schreck!" Die Mädchen rannten in verschiedene Richtungen davon, um ihre Pferde für die Reitstunde vorzubereiten. Eigentlich war genug Zeit, um ein Pferd zu satteln, doch keine von ihnen wollte riskieren, zu spät zu kommen. Sie wussten alle, wie sehr Max sich ärgerte, wenn jemand nicht pünktlich zu seinem Unterricht erschien, und sie waren sich darin einig, dass Max viel netter war, wenn er sich *nicht* ärgerte.

Nach Beendigung der Reitstunde bat Max seine Reitschüler um einen Gefallen. „Wie ihr alle wisst", begann er, „ist diese Woche Thanksgiving. Ich weiß, dass die meisten von euch ab Donnerstag schulfrei haben und dass viele von euch mit ihren Eltern verreisen werden. Auch ich würde gern jemanden besuchen, der mir nahe steht, doch da gibt es ein Problem."

Jenny warf Julia und Laura einen unauffälligen Blick zu. Die beiden wussten genau, was sie dachte, denn sie dachten dasselbe: Max sprach bestimmt von der Reise zu seiner Lillian!

„Das Problem ist", fuhr Max fort, „dass Red die ganze Arbeit allein nicht schaffen kann und es mir bisher nicht gelungen ist, jemanden zu finden, der bereit wäre, ihm zu helfen. Ich weiß, dass es sehr kurzfristig ist, aber wenn einer von euch jemanden kennt, der sich mit der Stallarbeit auskennt und Lust hat, hier einzuspringen, dann lasst es mich bitte möglichst bald wissen. So, und das war alles für heute. Ihr könnt die Pferde jetzt in den Stall bringen."

Jenny versorgte ihr Pferd Topside, so schnell sie konnte. Dann kontrollierte sie noch, ob seine Box sauber war und er alles hatte, was er brauchte. Selbst wenn sie es eilig hatte und auch wenn sie in anderen Dingen manchmal etwas nachlässig war, wusste sie doch, wie wichtig es war, die Pferde korrekt zu versorgen. Das bedeutete allerdings nicht notwendigerweise, dass sie sich lange mit diesen Arbeiten aufhalten musste, vor allem dann nicht, wenn sie wichtige Dinge mit ihren Freundinnen zu besprechen hatte.

Als sie schließlich fertig war, eilte sie zu Silbersterns Box. Auch Julia war schon dort. „Habt ihr das gehört?“, fragte Jenny atemlos. Sie stellte sich neben Julia an die Halbtür, um sich besser mit Laura unterhalten zu können, die in der Box stand und Silberstern putzte.

Julia nickte. „Er hat bestimmt von seinem Besuch bei Lillian gesprochen. Ist das nicht romantisch?“

„Und ob“, bestätigte Laura. „Das Problem ist nur, dass es nicht so aussieht, als könnte Max zu ihr fahren. Es ist fast aussichtslos, so kurzfristig eine Aushilfe zu finden, zumal an einem Feiertag.“

„Das stimmt“, sagte Jenny, und ihre Augen funkelten unternehmungslustig. „Deswegen kann Max sich ja auch so glücklich schätzen, dass er uns hat, die ihm helfen.“

Laura zuckte die Achseln, während sie mit einer weichen Bürste über Silbersterns Hals fuhr. „Natürlich, wir werden tun, was wir können, aber mir fällt absolut niemand ein, den wir fragen könnten.“

„Ich weiß im Moment auch niemanden“, musste Jenny zugeben. „Aber uns wird schon jemand einfallen.

Wir müssen einfach jemanden finden." Sie biss sich nervös auf die Lippe und hoffte nur, dass sie eine Lösung für Max' Problem parat haben würde, bevor sie am nächsten Tag mit ihrer Familie zu ihrer Tante fuhr.

„Ehrlich gesagt habe ich noch nie darüber nachgedacht, aber wenn man es genau betrachtet, ist Max hier vierundzwanzig Stunden am Tag und sieben Tage die Woche im Dienst", stellte Julia fest.

„Das stimmt", bestätigte Laura. „Einen Reitstall zu besitzen bedeutet eine große Verantwortung. Die Pferde sind von ihm abhängig. Ich schätze, es ist fast unmöglich für ihn, sich einmal freizunehmen."

„Und dabei will er doch nur ein paar Tage mit seiner geliebten Freundin verbringen", bemerkte Jenny seufzend. Sie überlegte, wie sie sich fühlen würde, wenn sie zu viel zu tun hätte, um ihren Freund Phil Marsten zu sehen, und entschied, dass es schrecklich für sie wäre. Jenny und Phil hatten sich im Reiterferienlager kennen gelernt, und obwohl Phil in einem etwa zwanzig Autominuten entfernt gelegenen Ort wohnte, schafften sie es immerhin, sich ein- oder zweimal im Monat zu treffen.

„Also, auch wenn uns im Moment keine Lösung einfällt, sollten wir doch versuchen, Max zu helfen", sagte Julia.

Die anderen nickten zustimmend.

Bevor sie den Stall verließen, wollte Julia noch nach

Pepper sehen. Sie machte sich immer noch Sorgen wegen der Teilnahmslosigkeit, die er zwei Tage zuvor gezeigt hatte, und wollte sich vergewissern, ob ihn der Aufenthalt im Stall wieder lebhafter gemacht hatte.

„Ich treffe dich dann draußen auf dem Hof", sagte Jenny. „Ich will noch mit ein paar von den anderen über Max' Problem reden. Vielleicht hat ja einer von ihnen einen Geistesblitz."

„Ich komme mit", bot Laura an. Die beiden gingen auf den Umkleideraum zu, in dem die Reitschüler alles verwahrten, was sie beim Reiten nicht brauchten.

Julia ging zu Peppers Box. Doch noch bevor sie sie erreicht hatte, merkte sie, dass etwas nicht stimmte. Normalerweise brauchte man nur in die eine Gasse des u-förmigen Stalltraktes einzubiegen, in der Peppers Box lag, und schon schaute das alte Pferd aus seiner Box. Doch jetzt war Peppers schneeweißer Kopf nirgendwo zu sehen, obwohl etliche andere Pferde interessiert den Kopf über ihre Boxentür reckten. Als Julia seine Box erreichte, erkannte sie schnell, warum sich Pepper anders verhielt. Mit hängendem Kopf stand er in einer Ecke und schien kaum wahrzunehmen, dass Julia gekommen war. Der einzige Hinweis darauf, dass er sie bemerkt hatte, war ein langsam nach hinten gerichtetes Ohr.

„Wie sieht er aus?"

Julia hatte sich so sehr auf Pepper konzentriert, dass sie Max erst hinter sich bemerkte, als er sie ansprach.

Sie drehte sich um. „Nicht so gut", sagte sie besorgt. „Letzte Woche dachte ich noch, dass es nur die Kälte wäre, die ihn so teilnahmslos gemacht hat. Aber jetzt, wo er im Warmen steht, sieht er auch nicht glücklicher aus. Glaubst du, dass er krank ist?"

„Ich habe mir auch schon Sorgen um ihn gemacht. Deshalb habe ich Judy Barker bei ihrem letzten Besuch gebeten, ihn sich anzusehen."

„Und? Was hat sie gesagt?", fragte Julia.

„Sie sagt, dass wir nicht mehr viel tun können. Pepper ist einfach alt. Alt und müde", antwortete Max.

Julia wusste, dass Pepper nicht mehr so viel Energie hatte wie früher. Sie würde sich eben an sein neues, ruhigeres Wesen gewöhnen müssen. Außerdem stand er erst seit wenigen Tagen in der warmen Box und hatte vorher eine Nacht in der Kälte verbracht. Es war sicher normal, dass er in seinem Alter einige Zeit brauchte, um sich davon zu erholen. Sie wünschte nur, sie wäre früher auf die Idee gekommen, Max zu fragen, ob sie ihn hereinholen durfte, als es so kalt wurde.

Trotzdem hatte sie das Gefühl, dass Judy mehr für Pepper tun sollte, als ihn einfach nur als alt zu bezeichnen. „Hat sie dir irgendeine Medizin für ihn gegeben oder so etwas?", fragte sie.

Max legte ihr eine Hand auf die Schulter. „Die einzige Medizin, die Pepper braucht, ist die Gewissheit, dass er immer noch Freunde hat, denen er etwas bedeutet."

„Oh, mir bedeutet er sehr viel", sagte Julia leidenschaftlich. „Und ich werde dafür sorgen, dass er das merkt." Während Max in sein Büro zurückging, holte sich Julia eine weiche Bürste und betrat dann Peppers Box. Sie sprach leise auf ihn ein und begann, sein strahlend sauberes Fell zu bürsten. Sie wusste, dass die meisten Pferde, unter ihnen auch Pepper, das Putzen genossen, ob es nun nötig war oder nicht. Ihnen gefiel einfach die Aufmerksamkeit, die ihnen zuteil wurde, und sie mochten auch das Gefühl der Bürste auf der Haut. Julia hatte das Putzen insgeheim immer mit einer Massage verglichen. Und jetzt gab sie sich besondere Mühe, all die Stellen zu bearbeiten, an denen Pepper es am liebsten hatte.

Als sie die Box wieder verließ, war Julia sicher, dass Pepper glücklicher wirkte als bei ihrer Ankunft. Er hatte sich sogar umgedreht und sah ihr nach, als sie fortging. Deshalb blieb sie am Ende der Stallgasse noch einmal stehen, drehte sich um und warf ihm eine Kusshand zu. Er stieß ein gedämpftes Wiehern aus, als wüsste er genau, was sie ihm damit sagen wollte.

Julia lächelte, als sie nach draußen ging, um sich dort mit ihren Freundinnen zu treffen. Max hatte Recht. Das Einzige, was Pepper brauchte, war mehr Aufmerksamkeit. Wahrscheinlich hatte er sich draußen auf seiner Weide fast zu Tode gelangweilt. Sie schwor sich, mehr Zeit mit ihm zu verbringen.

# 4

An diesem Abend drehte sich das Gespräch am Esstisch der Lakes nur um Thanksgiving und den geplanten Besuch bei Mrs Lakes Schwester und ihrer Familie in Darlington, Maryland. Sie wollten am nächsten Tag gleich nach der Schule losfahren – und Jenny war noch gar nicht dazu gekommen, ihre Tasche zu packen.

Sie freute sich stets auf den alljährlichen Besuch bei ihrer Tante, auch wenn deren Thanksgiving-Festmahl zu den schlechtesten des ganzen Landes gehören musste. Abgesehen von dem Truthahn und seiner Füllung bestand das ganze Essen aus Wurzelgemüse – Rüben, Pastinaken, Roten Beeten und solchem Zeug. Im Laufe der Jahre hatten Jenny und ihre Brüder alle möglichen Tricks entwickelt, die ekligsten dieser Beilagen unauffällig an die Hunde zu verfüttern.

Doch auch wenn das Essen auf Jennys Liste nicht gerade ganz oben stand, freute sie sich doch auf das Wiedersehen mit ihren Kusinen. Es waren drei, und das bedeutete, dass Jennys Brüder endlich einmal in der Minderzahl waren.

Außerdem freute sich Jenny auf den alljährlichen Herbstmarkt, einen ländlichen Jahrmarkt, der in Darlington immer am Samstag und Sonntag nach Thanksgiving stattfand. Dort waren gewöhnlich eine Menge Schieß- und Wurfstände, es fanden Wettbewerbe statt, und es gab sogar ein paar Fahrgeschäfte. Auch die Einheimischen bauten kleine Stände auf, an denen sie kunsthandwerkliche Dinge, Kuchen und Eingemachtes verkauften. Dann gab es noch eine kleine Landwirtschaftsausstellung, bei der das größte Gemüse und die schönsten Tiere prämiert wurden. Und am Samstagabend wurde ein großes Fest gefeiert und bis in die Nacht getanzt.

Doch was Jenny betraf, so war das Reitturnier am Sonntagnachmittag das Beste. Genau genommen war es eigentlich kein richtiges Reitturnier, sondern eher eine Mischung aus Turnier, Rodeo und viel Spaß für alle. Zu den Teilnehmern gehörten ebenso fünfjährige Kinder auf Shetlandponys wie erfahrene Reiter auf Vollblutpferden und kleine alte Damen, die im Damensattel auf riesigen Arbeitspferden daherkamen.

Der beliebteste Wettbewerb dieses Turniers war zweifellos das Kostümreiten. Die Zuschauer mussten erraten, was Pferd und Reiter darstellten, und dann wurde abgestimmt, welches Kostüm das schönste war. Im letzten Jahr hatte ein Mädchen die Siegerschleife bekommen, das etwas jünger als Jenny war. Das Mädchen hatte sich und sein Pferd über und über mit Möhren behängt und ein Büschel Möhrenkraut auf seiner Reitkappe befestigt. Jenny war überzeugt gewesen, dass dieses Kostüm sogar ihrer Tante gefallen hatte, denn schließlich gehörten Möhren zu ihren liebsten Gemüsesorten.

Im Grunde gab es nur zwei Dinge, die Jenny an dem Turnier nicht gefielen. Das eine war die Tatsache, dass sie nicht selbst mitreiten konnte, weil ihre Verwandten keine Pferde besaßen, und das andere, dass Julia und Laura nicht dabei sein konnten. Aber trotzdem war dieser Herbstmarkt etwas, das die alljährliche Reise für Jenny zu etwas Besonderem machte.

„Ich wünschte, ich könnte beim Kostümreiten mitmachen", sagte sie versonnen. „Ich habe eine Million tolle Ideen und würde mit Sicherheit gewinnen."

„Kannst du eigentlich auch an etwas anderes denken?", spottete ihr Bruder Alex. „Der Jahrmarkt besteht schließlich nicht nur aus dem Reitturnier. Du könnest zum Beispiel zusehen, wie ich mir beim Pfeilwerfen alle Preise hole."

„Und wovon träumst du nachts?", konterte Jenny. „Du weißt doch genau, dass ich dich im letzten Jahr an dieser Bude jedes Mal besiegt habe." Das stimmte. Jenny hatte ein riesiges Plüschtier gewonnen, während Alex es nur zu ein paar Plastikautos und einem Schlüsselanhänger gebracht hatte.

„Ich mag das Spiel mit den Enten am liebsten", sagte Michael, Jennys jüngerer Bruder. „Es ist so schön einfach."

„Stimmt", bestätigte Jenny. „Man braucht nur eine von diesen Plastikenten aufzuheben, um einen Preis zu gewinnen. Vielleicht sollte Alex das einmal probieren. Dabei kann nicht einmal er verlieren."

„Sehr komisch", murrte Alex. Nachdem er sich vergewissert hatte, dass die Eltern gerade nicht hinsahen, öffnete er den Mund, so weit er konnte, und gewährte Jenny damit einen guten Blick auf einen leidlich durchgekauten Teil seines Abendessens. Michael und Tim, Jennys älterer Bruder, lachten.

Jenny beachtete sie gar nicht. „Mom, was gefällt dir am Herbstmarkt am besten?", fragte sie und häufte sich noch etwas Salat auf ihren Teller.

„Also, mir gefällt der Tanzabend", sagte sie. „Aber das Schönste an dieser Reise ist für mich nicht der Herbstmarkt, sondern das Wiedersehen mit eurer Tante. Sie lebt gar nicht so weit weg und trotzdem kommt es mir doch vor, als würde ich sie kaum noch sehen."

„Was heißt hier, sie wohnt nicht so weit weg?", protestierte Alex. „Schließlich dauert es jedes Mal eine halbe Ewigkeit, bis wir dort sind."

„Mit den dreien eingesperrt in einem Auto kommt es mir eher vor wie eine ganze Ewigkeit", bemerkte Jenny mit einer bedeutsamen Geste auf ihre Brüder.

„Mir ist es ganz egal, ob ich die ganze Strecke über neben Jenny sitzen muss", sagte Tim verträumt. Tim war zwei Jahre älter als Jenny, und im vergangenen Jahr hatte er ein Mädchen namens Ellen kennen gelernt, eine Freundin ihrer Kusine Mia. Tim und Ellen hatten sich sofort ineinander verliebt und sich das ganze Jahr über geschrieben und miteinander telefoniert. Tim behauptete zwar immer, dass sie nicht seine Freundin war, aber es war nicht zu übersehen, dass er sie sehr gern hatte.

Jenny und Alex tauschten einen Blick und begannen dann wie auf Kommando, schmatzende Kusslaute von sich zu geben.

„Das reicht", unterbrach Mr Lake sie. „Hört auf, euren Bruder zu ärgern."

„Jenny", sagte Mrs Lake, offenbar in dem Bestreben, das Thema zu wechseln. „Du freust dich doch bestimmt auch schon auf den Herbstmarkt, stimmt's?"

„Klar, Mom", sagte Jenny abwesend. Bei dem Gedanken an Tim und Ellen war ihr ein weiteres Liebespaar eingefallen – Max und seine geheimnisvolle Freundin Lillian.Doch Max hatte keine Chance, seine Freundin an diesem Wochenende zu besuchen, wenn es dem Sattelclub nicht gelang, sein Personalproblem zu lösen.

Plötzlich hatte sie einen Geistesblitz. Sie war darüber so aufgeregt, dass sie sich beinahe an den Erbsen verschluckt hätte, die sie gerade im Mund hatte. Sie spülte schnell mit einem Schluck Wasser nach. „Mom, Dad?

Ich habe eine Idee", sagte sie und bemühte sich, so erwachsen zu klingen, wie sie nur konnte.

Ihre Eltern sahen sie überrascht an. „Ja, Jenny? Worum geht es?", fragte ihre Mutter.

„Also, Max würde am Wochenende gern eine sehr enge Freundin besuchen, aber er kann nicht weg, wenn er niemanden findet, der Red im Stall hilft."

„Und?", fragte Mr Lake erwartungsvoll. Obwohl Jennys Eltern immer behaupteten, die meisten von ihren wilden Plänen zu missbilligen, hatte Jenny doch den Verdacht, dass es ihnen Spaß machte, sie sich anzuhören.Das bedeutete allerdings nicht automatisch, dass sie auch Ja sagen würden.

Sie holte tief Luft. „Ich habe daran gedacht, dass Max fast nie einen freien Tag hat und dass er sich diesen Kurzurlaub redlich verdient hat. Und Laura, Julia und ich haben erst vor kurzem über die wahre Bedeutung von Thanksgiving gesprochen ..."

„Wir haben festgestellt, dass man Thanksgiving am besten feiert, indem man jemand anders hilft, ohne dabei an sich selbst zu denken", fuhr sie ernsthaft fort. „Indem man etwas Großzügiges und vollkommen Selbstloses tut."

Mr und Mrs Lake tauschten einen verblüfften Blick. „Das ist ein sehr schöner Gedanke, Jenny", sagte Mrs Lake. „Und woran hattest du gedacht?"

„Ich möchte dieses Wochenende zu Hause bleiben

und im Stall aushelfen, damit Max verreisen kann", sagte Jenny. „Schließlich kennt kaum einer den Stall und die Pferde so gut wie ich. Und ich bin sicher, dass ich bei Julia übernachten kann, während ihr fort seid. Sie und ihre Eltern bleiben dieses Jahr zu Hause."

Mr Lake machte ein nachdenkliches Gesicht. „Und was ist mit dem Jahrmarkt? Ich dachte, du hättest dich schon darauf gefreut."

„Das habe ich auch", gab Jenny zu. „Aber genau darum geht es doch bei Thanksgiving: Anderen zu helfen, auch wenn man dafür Opfer bringen muss."

„Jenny, ich bin stolz auf dich", sagte Mrs Lake.

„Wieso? Weil ich Max helfen will?", fragte Jenny erstaunt.

Ihre Mutter schmunzelte. „Ja, das auch. Vor allem aber, weil du uns geradeheraus um Erlaubnis gefragt hast, statt irgendeinen hinterhältigen Plan zu schmieden, um uns damit zu überrumpeln."

Jenny wusste nicht recht, was sie darauf erwidern sollte, also lächelte sie nur. Sie hoffte von ganzem Herzen, dass ihre Eltern einwilligen würden, denn ihr Plan war genau das richtige Thanksgiving-Projekt.

„Also ich finde, sie ist verrückt, wenn sie auf diese Reise verzichtet", verkündete Alex.

„Das finde ich auch", sagte Michael.

Tim sagte gar nichts. Jenny schaute zu ihm hinüber und stellte fest, dass er mit einem abwesenden Lächeln auf seinen Kartoffelbrei starrte. Er rührte gedankenverloren darin herum und summte leise vor sich hin. Jenny war klar, dass er an Ellen dachte, doch sie bekämpfte den Drang, ihn deswegen zu verspotten, und sah stattdessen wieder ihre Eltern an.

„Bitte", flehte Jenny. „Mir liegt wirklich viel daran."

Ihre Eltern tauschten einen weiteren Blick. „Wir werden darüber nachdenken", versprach ihr Vater. „Wir werden auch berücksichtigen, wie ernst es dir damit ist."

„Danke", sagte Jenny mit einem, wie sie hoffte, ermutigenden Lächeln. So weit sie sich erinnern konnte, war dies das erste Mal, dass sie bei einer so wichtigen Sache den direkten Weg gewählt hatte. Sie konnte es zwar kaum glauben, aber es schien tatsächlich zu funktionieren.

Nach dem Essen rief Jenny bei Julia an und erzählte ihr von ihrem Plan. Julia fragte ihre Eltern um Erlaubnis, und sie luden Jenny ein, die Feiertage bei ihnen zu verbringen. Außerdem versprach Julia, ebenfalls im Stall zu helfen, so oft sie konnte.

Jenny stöberte ihre Eltern im Wohnzimmer auf und berichtete, was die Atwoods gesagt hatten. „Wie habt ihr euch entschieden?", fragte sie und hielt den Atem an, während sie auf die Antwort wartete.

Mr Atwood senkte die Zeitschrift, in der er gelesen hatte. „Nun, wir haben darüber diskutiert, und uns ist klar, dass dir diese Sache sehr wichtig sein muss, wenn du dafür sogar auf die Reise nach Maryland verzichtest."

„Das stimmt", bestätigte Jenny eifrig. „Max tut das ganze Jahr über so viel für mich, dass er sich diesen Kurzurlaub mehr verdient hat als ich."

„Also gut, Jenny", sagte Mrs Atwood. „Wenn dir so viel daran liegt, hast du unsere Erlaubnis."

„Super!", jubelte Jenny und umarmte ihre Eltern. „Vielen Dank! Ich muss gleich Max anrufen und ihm die gute Nachricht mitteilen."

Sie rannte in die Küche, um von dort aus mit Max zu telefonieren und ihre Dienste als Aushilfspflegerin anzubieten. Anfangs hatte sie etwas Mühe, ihm klarzumachen, dass es ihr zum einen ernst damit war und dass sie es zum anderen bereits mit ihren Eltern geklärt hatte. Doch nachdem sie ihre Mutter ans Telefon geholt hatte, war Max überzeugt und unendlich dankbar.

„Ich weiß das wirklich zu schätzen, Jenny", sagte er. „Diese Reise ist sehr wichtig für mich, und eine Zeit lang sah es aus, als würden meine Mutter und ich auf keinen Fall fahren können."

Jenny war überrascht, dass Mrs Reg Max auf sein romantisches Wochenende begleiten wollte. Damit war Lauras Theorie vom Durchbrennen wohl widerlegt.

„Es ist alles abgemacht", berichtete Jenny ihren Eltern, nachdem sie das Gespräch beendet hatte. „Max fährt morgen früh."

„Ich hoffe, dir ist klar, dass du eine große Verantwortung übernommen hast", sagte Mr Lake ernst.

„Ich weiß", sagte Jenny. „Ich werde wahrscheinlich noch mehr zu tun haben als zu der Zeit, als Laura, Julia und ich Mrs Reg vertreten haben, als sie zu ihrer kranken Freundin gefahren ist." Sie lächelte, als sie sich daran erinnerte. „Aber es wird trotzdem Spaß machen. Ich freue mich schon darauf."

„Also, wir werden dich vermissen", sagte Mrs Lake. „Zumindest die meisten von uns."

Jenny verdrehte die Augen. „Wenn du damit auf meine über alles geliebten Brüder anspielst, kann ich dir versichern, dass auch ich sie nicht vermissen werde."

„An sie habe ich dabei eigentlich nicht gedacht", sagte Mrs Lake mit einem schalkhaften Grinsen. „Ich musste nur gerade daran denken, dass deine Tante Louise sicher gern auf eine Wiederholung des Pastinaken-Dramas vom letzten Jahr verzichten kann."

„Ach, das", sagte Jenny kichernd. Das war einer ihrer besten Tricks gewesen. Beim Thanksgiving-Essen im Vorjahr hatte sie eine Pastinake auf ihre Serviette gelegt und diese dann mit einem Ruck stramm gezogen, um die Rübe hochschnellen zu lassen. Sie war auch hochgeschnellt, allerdings etwas höher, als Jenny erwartet hatte, und dann an der Decke kleben geblieben. Dort hatte sie sich gehalten bis zum Dessert, um dann herunterzufallen und genau in Tims Kürbiskompott zu klatschen.

# 5

Am nächsten Tag setzten Jennys Eltern sie nach der Schule bei Julia ab. Jenny schleppte ihre Reisetasche in Julias Zimmer, und dann machten sich die beiden auf den Weg nach Pine Hollow. Jenny konnte es kaum erwarten, ihre Arbeit als Aushilfspferdepflegerin anzutreten. Julia war nur zu gern bereit gewesen, ihr zu helfen, denn ihr fiel beim besten Willen kein eigenes Projekt ein – und Thanksgiving war schon am nächsten Tag.

Als sie im Stall eintrafen, bemerkten sie als Erstes, wie ruhig es dort war. Offenbar waren alle verreist. Jenny und Julia ahnten allerdings, dass zumindest eine Reiterin im Stall sein musste: Laura. Sie kannten ihre Freundin gut genug, um zu wissen, dass sie da sein und sich um Silberstern kümmern würde.

Und sie hatten Recht. Sie entdeckten sie in der Box ihres Pferdes, wo sie Silberstern gerade die Hufe auskratzte.

„Hallo, ihr beiden. Seid ihr bereit für euren neuen Job?", fragte Laura. Jenny hatte sie am Vorabend angerufen und ihr von ihrem Plan erzählt.

„Und ob“, sagte Jenny, schob Silbersterns Boxentür auf und schlüpfte in die Box. Julia war dicht hinter ihr. Eines der Dinge, die den dreien an der Pferdepflege so gut gefiel, war die Tatsache, dass es an einem Pferd so viel zu pflegen gab. Das bedeutete, dass sie zu dritt an Silberstern herumputzen und sich dabei in Ruhe unterhalten konnten. In der Vergangenheit hatten sie schon unzählige Sattelclubtreffen auf diese Weise abgehalten.

Jenny nahm sich den Mähnenkamm und entwirrte damit vorsichtig Silbersterns seidige schwarze Mähne.

„Wir werden bestimmt viel lernen“, sagte Julia und griff nach der Kardätsche.

Jenny grinste. „Stimmt. Aber was noch wichtiger ist, wir tun es für Max und sein Liebesleben.“

„Ich werde euch helfen, so gut ich kann“, sagte Laura, legte den Hufkratzer weg und nahm ein weiches Tuch in die Hand. „Aber ich weiß nicht, ob ich auch Veronica dazu bringen kann.“

„Wohl nicht“, bemerkte Jenny und verzog angewidert das Gesicht. „Also, ich bin immer noch der Meinung, dass es der härteste Job von allen sein muss, ein ganzes Wochenende den Babysitter für Veronica zu spielen. Ich wette, dass sie mehr Arbeit macht als dieser ganze Stall voller Pferde. Wahrscheinlich wird sie erwarten, dass ihr das Frühstück ans Bett serviert wird und dass ihre Stiefel täglich auf Hochglanz poliert werden.“

„Psst“, zischte Laura und spähte auf die Stallgasse hinaus. „Sie ist hier irgendwo. Sie ist gekommen, um sich um Garnet zu kümmern."

„Willst du damit sagen, dass sie tatsächlich etwas tut?", fragte Jenny ungläubig.

Julia lächelte. „Mir scheint, dass Laura einen guten Einfluss auf sie hat. Vielleicht gibt es doch noch Hoffnung für sie."

„Das halte ich für möglich", sagte Laura. „Ich habe sie noch nie so nett erlebt wie in den letzten Tagen." Sie fuhr mit dem Tuch über Silbersterns Fell, um ihm den letzten Glanz zu verleihen. Dann kontrollierte sie noch einmal seine Futter- und Wasservorräte und verabschiedete sich mit einem liebevollen Halsklopfen von ihm. Ihre Freundinnen folgten ihr aus der Box. „Ich schätze, ich werde es noch früh genug herausfinden", sagte Laura leise, denn Veronica kam auf der Stallgasse auf sie zu. „Mein Vater holt uns in ein paar Minuten ab."

„Wie schön für dich", murmelte Jenny. Als Veronica näher kam, bedachte sie sie mit einem Lächeln, von dem sie hoffte, dass es halbwegs aufrichtig aussah. Jenny fiel auf, dass Veronica eine teuer aussehende Ledertasche über der Schulter hängen hatte. In einer Hand hielt sie ein dazu passendes viereckiges Köfferchen, das zweifellos ihre Schminksachen enthielt, und in der anderen Hand einen verdächtig pastetenförmigen Gegenstand, der mit Alufolie abgedeckt war. „Hallo, Veronica."

„Hallo, Jenny. Hallo, Julia", antwortete Veronica. Jenny merkte sofort, dass auch Veronica sich Mühe gab, höflich zu sein und sich nicht anmerken zu lassen, dass sie Jenny genauso wenig leiden konnte wie umgekehrt. „Bist du fertig, Laura?", fragte sie freundlich.

„Ja", sagte Laura. „Mein Dad müsste inzwischen auch schon da sein. Lass uns draußen mal nachsehen."

„In Ordnung", sagte Veronica bereitwillig. „Ich hoffe, dein Vater und du mögt Kürbispastete", fügte sie hinzu und hielt das in Folie gehüllte Paket hoch. „Unser Koch hat sie extra für euch gebacken."

„Das ist unheimlich nett von dir, Veronica", sagte Laura ernsthaft. Sie kicherte. „Mein Vater ist zwar auch ein toller Koch, aber vom Backen versteht er nichts. Du hast uns wahrscheinlich gerade vor einer Wiederholung der Apfelmuskuchen-Katastrophe vom letzten Jahr bewahrt."

Jenny und Julia sahen wortlos zu, wie Laura und Veronica plaudernd davonschlenderten. Als sie außer Sicht waren, stieß Jenny einen Seufzer aus, der in einem Pfiff endete. „Ich hoffe, dass Laura diese fünf Tage überlebt", murmelte sie.

„Ach, so schlimm wird es bestimmt nicht", entgegnete Julia lächelnd. Sie konnte Veronica genauso wenig leiden wie Jenny, doch sie musste zugeben, dass Veronica sich wirklich Mühe gab, freundlich zu sein. Und sie bewunderte Laura dafür, dass sie ihr diese Chance gab.

Genau in diesem Augenblick kam Red um die Ecke. „Ah, Jenny, da bist du ja. Ich habe Arbeit für dich."

Jenny stand stramm und salutierte. „Jawohl, Kapitän. Zu Ihren Diensten. Was kann ich für Sie tun?"

Red schmunzelte. „Ich habe einen sehr spannenden Auftrag für dich, Erster Maat Lake", sagte er.

„Toll, was ist es?", fragte Jenny. „Eines der Pferde bewegen? Die Sattelkammer aufräumen? Die Stallgasse abspritzen?"

„Boxen ausmisten", entgegnete Red trocken.

„Oh." Jenny bemühte sich, ein Stöhnen zu unterdrücken. Schließlich war sie nicht zum Spaß hier. „Geben Sie Ihre Anweisungen, Kapitän", sagte sie, und es klang fast so begeistert wie vorher.

Julia lächelte und schüttelte den Kopf. „Braucht ihr meine Hilfe?", fragte sie.

„Nein, ich glaube nicht", sagte Red. „So viele Boxen sind es nicht. Aber nachher werden wir gern auf dein Angebot zurückkommen."

„Kein Problem", sagte Julia. „Dann nutze ich jetzt die Zeit, um nach Pepper zu sehen. Viel Spaß, Jenny!" Julia war fest entschlossen, das Versprechen, das sie sich selbst gegeben hatte, zu halten und sich um Pepper zu kümmern.

Auch an diesem Tag schaute Pepper nicht auf, als sie zu seiner Box kam. Um ihn nicht zu erschrecken, redete sie leise auf ihn ein, als sie seine Box betrat.

„Hallo“, sagte sie sanft. „Fühlst du dich heute besser?“ Julia merkte sofort, dass das nicht der Fall war. Peppers Kopf hing noch tiefer herunter als am Tag zuvor, und anscheinend fiel ihm das Atmen schwer. Aber er schien sich trotzdem über ihren Besuch zu freuen, und Julia war froh, dass sie gekommen war.

Pepper wendete den Kopf und schnupperte an Julias Hosentasche. Julia lachte. „So schlecht geht es dir anscheinend doch nicht“, sagte sie. „Immerhin erkennst du einen Apfel immer noch am Geruch.“ Sie zog die Plastiktüte mit den Apfelschnitzen aus der Tasche, die sie zu Hause für Pepper vorbereitet hatte, und reichte ihm die Leckerbissen Stück für Stück.

Plötzlich waren draußen Schritte zu hören. Julia schaute hinaus und stellte fest, dass sie von Judy Barker kamen. „Hallo, Julia“, sagte die Tierärztin. „Wie geht es unserem alten Knaben heute?“

„Nicht so gut“, sagte Julia und versuchte, sich ihre Besorgnis nicht anmerken zu lassen. „Er sieht ziemlich müde aus, und er schnauft und röchelt beim Atmen.“

„Hmmm“, machte Judy. Sie kam zu Julia in die Box und begrüßte Pepper mit einem Klopfen. „Das sehe ich mir lieber einmal an.“

„Was fehlt ihm denn?“, fragte Julia. „Wenn es nur eine Erkältung oder so etwas wäre, müsste es ihm doch inzwischen besser gehen, oder?“

Judy schüttelte den Kopf, als sie Pepper untersuchte.

Julia konnte sehen, wie die Tierärztin die Stirn runzelte. „Julia, es sieht nicht allzu gut aus für Pepper."

„Wieso?" Julias Blick wanderte von Judy zu Pepper und wieder zurück. „Was hat er denn?"

„Er ist einfach alt. Und er hat sein Leben lang hart gearbeitet", sagte Judy sanft. „Julia, Pepper stirbt."

„Was?" Julia konnte nicht glauben, dass sie das richtig verstanden hatte. „Das ist unmöglich! Natürlich wird er allmählich älter und wird nicht mehr geritten, aber er ist noch lange nicht alt genug, um zu *sterben*!" Julia suchte krampfhaft nach Fakten, mit denen sich diese Tatsache untermauern ließ. „Schließlich sind Patch und Nero beide älter als Pepper, und bei ihnen spricht keiner davon, dass sie sterben."

„Das stimmt", sagte Judy langsam. „Aber jedes Pferd ist anders, Julia, das weißt du doch. Nero und Patch führen beide eine Menge Quarter-Horse-Blut, was vielleicht der Grund dafür ist, dass sie noch so gut beieinander sind. Aber es hat wirklich keinen Sinn, Pepper mit anderen Pferden zu vergleichen. Wir müssen ihn als Individuum betrachten und uns damit abfinden, dass er zu altersschwach ist, um noch lange durchzuhalten."

„Aber es muss doch etwas geben, das man für ihn tun kann …" Julia verstummte, als sie sah, wie die Tierärztin den Kopf schüttelte.

„Leider nicht", sagte sie. „Wir müssen alle irgendwann gehen, und ich fürchte, für den guten alten Pepper ist die Zeit allmählich gekommen. Das Einzige, was ich noch für ihn tun kann, ist, ihm die letzte Zeit seines Lebens so angenehm wie möglich zu machen." Sie verstummte. „Max und ich haben auch schon über eine Euthanasie gesprochen."

Julia wusste genau, was dieses Wort bedeutete. „Sie wollen ihn einschläfern?", rief sie schockiert. Sie spürte, wie ihr die Tränen in die Augen traten, als sie den Hals des Pferdes umklammerte. „Nein! Es muss doch eine Möglichkeit geben, ihn zu retten!"

Judy legte Julia sanft eine Hand auf die Schulter. „Es tut mir Leid, Julia. Ich hätte dich nicht so damit überfallen dürfen. Aber da du so viel Zeit mit Pepper verbringst, dachte ich, du hättest schon selbst gemerkt ..." Sie sprach nicht weiter.

Julia fühlte sich wie betäubt. Sie konnte sich Pine Hollow nicht ohne Pepper vorstellen. Auch wenn sie ihn schon länger nicht mehr geritten hatte, war sie doch an seine Anwesenheit gewöhnt. Sie durfte ihn einfach noch nicht so schnell verlieren. Judy musste sich irren. Sobald Max wieder da war, würde sie darauf bestehen, dass er die Meinung eines zweiten Tierarztes einholte.

„Julia", sagte Judy und riss sie damit aus ihren Gedanken. „Es tut mir Leid. Aber du brauchst dir keine Sorgen zu machen. Wir brauchen nichts zu überstürzen. Solange Pepper nicht leidet, spricht nichts dagegen, dass er noch bleibt."

Die Tierärztin ging zurück auf die Stallgasse, wo sie ihre Arzttasche abgestellt hatte. Julia ließ Peppers Hals los und wischte sich die Tränen ab. Pepper schnupperte vorsichtig an ihrem Gesicht herum.

Als Julia sich etwas beruhigt hatte, folgte sie Judy aus der Box. „Hier", sagte Judy und reichte Julia einen kleinen Zettel. „Das Beste, was du jetzt für Pepper tun kannst, ist, ihn genau zu beobachten und ihm diese Medizin zu geben, wenn du das Gefühl hast, dass er sie braucht. Komm noch einmal mit mir in die Box, dann zeige ich dir, wie du sie eingeben musst. Ich habe dir auch die Dosierungsanweisung aufgeschrieben, für den Fall, dass du sie vergisst. Und wenn du Fragen hast, kannst du mich natürlich jederzeit anrufen."

Julia passte genau auf, wie die Tierärztin Pepper die Spritze mit dem flüssigen Medikament so tief ins Maul schieben musste, dass ihm gar nichts anderes übrig blieb, als das Mittel zu schlucken. Dann packte Judy ihre Sachen ein und ging in Richtung Ausgang.

„Ich werde Max anrufen und ihm berichten, was wir für Pepper tun", sagte Judy. Sie lächelte Julia aufmunternd zu. „Ich wette, er freut sich, wenn er hört, dass du dich so gut um ihn kümmerst. Der alte Bursche könnte sich gar keine bessere Krankenschwester wünschen."

Julia schaffte es, Judys Lächeln zu erwidern. „Danke. Ich werde mein Bestes tun."

Judy verabschiedete sich und eilte zu ihrem Wagen.

Julia sah ihr nach, als sie davonfuhr. Dann machte sie kehrt und blieb unentschlossen im Eingang stehen. Sollte sie jetzt Jenny suchen und ihr berichten, was Judy gesagt hatte? Schließlich beschloss sie, zuerst wieder zu Pepper zu gehen.

„Hallo, ich bin es noch einmal", sagte sie halblaut zu ihm. Pepper spitzte die Ohren und wieherte grummelnd. „So ist es Recht", rief Julia aus, überglücklich, dass es Pepper offenbar schon besser ging. „Die Medizin scheint zu wirken", erklärte sie ihm.

Sie kraulte ihn hinter den Ohren und streichelte seinen Kopf. Er atmete immer noch etwas schwerer als normal und sein Kopf hing immer noch ziemlich tief, doch davon abgesehen sah er schon besser aus. Julia untersuchte ihn, so gut sie konnte.

„Eigentlich fehlt dir gar nichts, stimmt's?", flüsterte sie. „Ich bin froh, dass ich Jenny und Laura nichts erzählt habe. Sie würden sich nur Sorgen machen, und ich weiß genau, dass du längst nicht so krank bist, wie Judy behauptet. Das braucht mir niemand zu sagen, das sehe ich auch allein. Egal, was Judy sagt, du bist vollkommen in Ordnung. Ich werde dich wieder ganz gesund machen, Pepper. Das verspreche ich dir."

Er schnupperte an ihrem Hals herum und ließ dann den Kopf wieder sinken. Seine Augen waren halb geschlossen. Julia blieb noch lange bei ihm, streichelte ihn und flüsterte ihm aufmunternde Worte zu.

# 6

Am Morgen von Thanksgiving rissen Stimmen Laura aus dem Schlaf. Die tiefere Stimme erkannte sie als die ihres Vaters. Sie setzte sich verschlafen im Bett auf und fragte sich, mit wem sich ihr Vater wohl in dieser Frühe schon unterhielt.

Plötzlich fiel es ihr wieder ein. Veronica natürlich. Einen Moment lang war Laura versucht, sich die Bettdecke über den Kopf zu ziehen und weiterzuschlafen, am besten das ganze Wochenende lang. Doch stattdessen wälzte sie sich aus dem Bett und schlurfte in Richtung Dusche. Schließlich wäre es nicht besonders selbstlos von ihr, Veronica den ganzen Tag ihrem Vater aufzuhalsen.

Außerdem musste sie zugeben, dass Veronica bisher eigentlich keine große Belastung gewesen war. Am vergangenen Abend war Oberst Hanson zuerst mit ihnen in der Pizzeria und danach im Kino gewesen. Er und Veronica hatten sich über ihre Auslandsreisen unterhalten, und darunter waren etliche Orte, von denen Laura noch nie gehört hatte, geschweige denn, dass sie schon einmal dort gewesen wäre. Als Laura noch jünger gewesen war, hatte ihre Familie wegen der militärischen Karriere von Oberst Hanson häufig umziehen müssen. Sie hatten auf oder in der Nähe von Militärstützpunkten im ganzen Land gelebt. Doch obwohl Lauras Eltern vor ihrer Geburt die ganze Welt bereist hatten, war sie selbst noch nie aus den Vereinigten Staaten herausgekommen.

Veronica schien dagegen schon überall gewesen zu sein. Außerdem hatte Laura festgestellt, dass sowohl Veronica als auch ihr Vater eine Menge über die Orte zu wissen schienen, die der eine oder andere von ihnen zufälligerweise noch nicht besucht hatte.

Während sie noch versuchte, wach zu werden, hörte sie, wie die beiden über die Vorzüge und Nachteile von Abu Dhabi diskutierten. Laura schüttelte lachend den Kopf. „Wenigstens vertragen sie sich", sagte sie zu ihrer schwarzen Katze Schneeball. Doch Schneeball schnurrte nur und reckte sich genüsslich.

Als Laura frisch geduscht und angezogen nach unten kam, waren die beiden bereits mit dem Frühstück fertig.

„Guten Morgen, Schlafmütze." Ihr Vater begrüßte sie mit einem Kuss auf die Oberseite ihres Kopfes. „Und ein frohes Thanksgiving."

„Ein frohes Thanksgiving", wiederholte Veronica mit einem Lächeln.

„Das wünsche ich euch auch", sagte Laura.

„Schnapp dir ein paar Cornflakes, Laura, und dann

kannst du uns beim Füllen des Truthahns helfen", sagte Oberst Hanson.

Laura bemerkte, dass Veronica eine Schürze trug und ein Geschirrtuch in der Hand hielt. Beinahe hätte sie gekichert. Sie hätte schwören können, dass Veronica in ihrem ganzen Leben noch keines dieser Dinge angefasst hatte. Sie musste jedoch zugeben, dass ihr Gast im Augenblick richtig glücklich damit aussah.

Laura verschlang ihr Frühstück und gesellte sich dann zu Veronica an die Arbeitsplatte. Ihr Vater brauchte nicht lange, um sie beide mit seinen Witzen zum Lachen zu bringen. Laura amüsierte sich prächtig, und sie hatte den Eindruck, dass es Veronica ebenso ging. Mittlerweile war sie fast froh, sie eingeladen zu haben.

Als sie mit dem Füllen des Truthahns fertig waren, schoben sie ihn in die Röhre. „Gut gemacht, ihr Küchenhelfer", lobte Lauras Vater und salutierte scherzhaft vor den beiden.

Die Mädchen erwiderten den Salut. „Danke, Oberst", sagte Laura. „Und was machen wir jetzt?"

„Es wird Zeit, zur Kirche zu gehen", antwortete ihr Vater. „Wir müssen uns nur noch umziehen."

„Kirche?", wiederholte Veronica verblüfft. „Aber es ist doch gar nicht Sonntag."

„Wir gehen an Thanksgiving immer in die Kirche", erklärte Laura." Sie fragte sich, ob Veronica sich wohl weigern würde, sie zu begleiten.

Doch Veronica zuckte nur mit den Achseln. „Was soll ich anziehen?", fragte sie.

Nach dem Gottesdienst sahen sie nach dem Truthahn, der schon sehr appetitlich aussah. „Im Augenblick gibt es nichts zu tun", sagte Lauras Vater. „Der Truthahn braucht noch bis zwei Uhr; dann können wir essen. Wir haben also noch etwas Zeit, bis wir anfangen müssen, die Beilagen vorzubereiten."

„Und was wollen wir bis dahin machen?", fragte Laura. „Der Krimi fängt erst in einer guten Stunde an."

„Mal sehen", sagte ihr Vater. Er ging ins Wohnzimmer und öffnete den Schrank, in dem sie die Brettspiele aufbewahrten. „Was haltet ihr von Monopoly?"

Veronica war ihm gefolgt und betrachtete über seine Schulter hinweg die aufgestapelten Spielekartons. „Oh, was für ein wundervolles Schachbrett", rief sie aus und zeigte auf das Brett, das hochkant neben den Spielen stand. Die verschiedenen Kästchen waren aus hellem und dunklem Holz gearbeitet.

„Vielen Dank, Veronica", sagte Oberst Hanson stolz. „Ich habe es zu meinem High-School-Abschluss von meinem Onkel bekommen."

„Ja, es ist sein wertvollster Besitz", fügte Laura kichernd hinzu und verdrehte viel sagend die Augen.

„Das kann ich gut verstehen", sagte Veronica. „Wie sehen denn die Figuren dazu aus?"

Das brauchte sie Oberst Hanson kein zweites Mal zu fragen. Er holte den Kasten heraus, in dem die handgeschnitzten Figuren lagen.

Veronica nahm eine der Figuren heraus und betrachtete sie eingehend. „Wundervoll", sagte sie wieder.

Laura beugte sich über sie und nahm eine Figur in die Hand, die die Form eines Pferdekopfes hatte. „Das Burg-Ding, das du da hast, ist hübsch. Aber die kleinen Pferdchen sind immer meine Lieblinge gewesen."

Oberst Hanson lachte. „Nur zu wahr. Das sind die beiden einzigen Figuren, an denen Laura bisher Interesse gezeigt hat." Er legte seiner Tochter liebevoll den Arm um die Schultern.

Veronica lächelte. „Übrigens, Laura, die kleinen Pferdchen nennt man Springer." Sie hielt die Figur hoch, die sie in der Hand hielt. „Und diese hier, die aussieht wie eine Burg, wird Turm genannt."

Oberst Hansons Gesicht leuchtete auf. „Veronica, du spielst doch nicht etwa Schach?"

Laura stöhnte auf. „Veronica, wenn du weißt, was gut für dich ist, dann sag jetzt nein. Wenn mein Dad glaubt, dass du Schach spielen kannst, wird er dich nicht in Ruhe lassen, bis du eine Partie mit ihm gespielt hast."

Veronica lachte. „Das ist in Ordnung. Ich würde gern spielen." Sie blinzelte Laura zu. „Ich muss Sie allerdings warnen, Oberst Hanson. Meinem Vater ist es schon seit Jahren nicht mehr gelungen, mich matt zu setzen."

„Ah, eine Herausforderung“, entgegnete Oberst Hanson. „Sie ist akzeptiert.“ Dann sah er Laura an. „Das macht dir doch nicht aus, oder?“

„Oh, entschuldige, Laura“, sagte Veronica schnell. „Warum suchen wir nicht etwas aus, das man zu dritt spielen kann?“

„Nein, das ist schon in Ordnung“, beruhigte Laura sie. „Spielt ihr nur. Ich habe nichts dagegen.“ Und das stimmte. Sie war froh, dass ihr Thanksgiving-Projekt ein solcher Erfolg für alle Beteiligten war. Veronica wirkte richtig glücklich, obwohl sie ihre Eltern bestimmt vermisste. Und Laura musste zugeben, dass auch sie viel Spaß hatte. Auch wenn Veronica wahrscheinlich nie ihre beste Freundin werden würde – dafür hatten sie einfach zu wenig gemeinsam –, musste sie doch zugeben, dass sie ein wesentlich interessanterer Mensch war, als sie vermutet hatte. Und, zumindest im Moment, auch ein viel netterer.

Als Veronica und ihr Vater die Figuren aufgestellt hatten und zu spielen begannen, verzog sich Laura in die Küche. Sie beschloss, schon den Salat vorzubereiten. Bei der Arbeit hörte sie, wie die beiden Schachspieler nebenan scherzhafte Herausforderungen und lustige Spitzfindigkeiten austauschten. Laura lächelte stolz. Ihr Vater hatte die seltene Gabe, die beste Seite in einem Menschen zum Vorschein zu bringen, dachte sie, als sie Veronica lachen hörte. Natürlich war es zum Teil auch ihr Verdienst, denn schließlich hatte sie Veronica eingeladen. Vielleicht hat Jenny doch Recht, was diese Thanksgiving-Geschichte angeht, dachte sie glücklich.

Um die Mittagszeit klingelte das Telefon. Die Schachpartie war gerade zu Ende, und Veronica hatte gewonnen, wie sie es vorausgesagt hatte.

Als Laura den Hörer abhob, war Jenny am anderen Ende der Leitung. Das erkannte Laura schon daran, dass sie wie üblich sofort zur Sache kam und keine Zeit damit verschwendete, sich mit ihrem Namen zu melden. „Hallo, Laura. Hör mal, kannst du heute um vier im Stall sein? Du kannst Veronica mitbringen, wenn du willst. Es ist wichtig."

Laura warf einen Blick auf ihren Vater. „Um vier? Ja, ich denke, bis dahin werden wir gegessen haben. Was ist denn los?"

„Das wirst du schon sehen", antwortete Jenny ausweichend. „Kommt nicht zu spät." Mit diesen Worten legte sie auf.

Laura schüttelte lächelnd den Kopf. Sie hatte zwar keine Ahnung, was Jenny diesmal vorhatte, aber sie hatte das dumpfe Gefühl, dass es etwas mit der Bedeutung von Thanksgiving zu tun haben musste. Sie und Julia hatten schon vor langer Zeit gelernt, dass es besser war, nicht zu viele Fragen zu stellen, wenn Jenny einen ihrer berühmten Pläne geschmiedet hatte. Sie wusste aus Erfahrung, dass ihre Ideen sie zwar manchmal in Schwierigkeiten brachten, aber trotzdem immer sehr lustig waren.

„Wer war das am Telefon?“, fragte Oberst Hanson, der gerade den Herd geöffnet hatte, um einen Blick auf den Truthahn zu werfen.

„Es war Jenny“, sagte Laura. „Sie hat irgendetwas vor, aber frag mich nicht, was. Sie hat nur gesagt, dass ich um vier im Stall sein soll.“ Sie bemerkte, wie betrübt Veronica auf einmal aussah. „Sie möchte übrigens, dass du mitkommst, Veronica“, fügte Laura schnell hinzu.

„Oh, schön“, sagte Veronica erfreut. Laura vermutete, dass sie sich mehr darüber freute, als sie zugab.

Laura stellte fest, dass sie sich schon wieder fragte, wie Veronicas Leben wohl aussah. Es hatte den Anschein, als hätten ihre Eltern kein Interesse daran, viel Zeit mit ihr zu verbringen. Vielleicht versuchte Veronica deshalb immer so zu tun, als wäre sie besser als alle anderen. Vielleicht wollte sie mit ihrem hochnäsigen Auftreten verbergen, wie unsicher sie tatsächlich war. Das fand Laura sehr traurig. Kein Wunder, dass Veronica keine Freundinnen hatte, sondern nur eine Clique von Bewunderinnen, die sie für absolut perfekt hielten und nie auf die Idee gekommen wären, dass auch sie Probleme hatte.

Doch wenn niemand erfuhr, dass Veronica Probleme hatte, würde auch niemand versuchen, ihr bei deren

Lösung zu helfen. Laura fragte sich kurz, was das wohl für ein Gefühl sein mochte, doch es war zu schwierig, sich das vorzustellen. Schließlich waren sie und ihre Freundinnen aus dem Sattelclub immer bereit, einander bei allen Problemen zu unterstützen, ob diese nun Pferde, Eltern, Schule oder sonst etwas betrafen.

„Komm, Laura, der Film fängt an", sagte ihr Vater und riss sie damit aus ihren Gedanken. „Aber heute gibt es kein Popcorn. Wir wollen uns schließlich nicht den Appetit verderben."

Laura folgte ihrem Vater und Veronica ins Wohnzimmer. Sie hatte den Film schon unzählige Male gesehen, und er gefiel ihr jedes Mal aufs Neue, doch wieder kehrten ihre Gedanken zu Veronica zurück, und sie begriff allmählich, dass Veronica sich nichts sehnlicher wünschte, als dabei sein zu dürfen. Deswegen hatte es sie auch so tief getroffen, dass ihre Eltern sie zurückgelassen hatten. Und deswegen war sie auch so froh, dass Jenny sie eingeladen hatte, an diesem Nachmittag ebenfalls in den Stall zu kommen. Aber natürlich, so sinnierte Laura, gefiel es jedem, wenn er sich erwünscht fühlte. Sie war froh, dass sie die Gelegenheit genutzt hatte, um Veronica zu helfen. Und irgendwie hatte sie, trotz ihrer anfänglichen Bedenken, mittlerweile das Gefühl, dass Veronicas Anwesenheit die diesjährige Thanksgiving-Feier zu etwas ganz Besonderem machte.

# 7

Nach ihrem Anruf bei Laura machte sich Jenny auf die Suche nach Julia. Sie fand sie in ihrem Zimmer.

„Da bist du ja", sagte Jenny. „Du musst heute Nachmittag in den Stall kommen. Um kurz vor vier."

„Heute Nachmittag?", wiederholte Julia. „Aber es ist Thanksgiving!"

„Das ist mir klar", sagte Jenny und verdrehte die Augen. „Darum geht es ja. Aber ich muss jetzt los. Versprich mir nur, dass du kommst."

„Aber Jenny", wendete Julia ein, „du kannst jetzt doch nicht gehen! Wir essen bald."

Jenny schüttelte den Kopf. „Tut mir Leid. Dafür habe ich keine Zeit. Aber das ist kein Problem. Ich habe es schon mit deinen Eltern geklärt."

„Was hast du geklärt? Und wo willst du denn hin?", fragte Julia verwirrt.

„Nach Pine Hollow natürlich", erwiderte Jenny ein wenig ungeduldig. „Ich habe Red gesagt, dass er sich heute freinehmen und seine Familie besuchen kann. Also wartet auf mich eine Unmenge Arbeit."

„Soll das heißen, dass du die ganzen Pferde allein versorgen willst?", fragte Julia entgeistert. „Bist du verrückt? Das schaffst du doch nie. Außerdem kannst du nicht das Thanksgiving-Essen ausfallen lassen!"

„Ich muss", sagte Jenny. „Die Pferde brauchen mich. Außerdem habe ich noch einiges vorzubereiten."

„Was willst du denn vorbereiten?", fragte Julia, die sofort misstrauisch wurde. „Was hast du jetzt wieder vor?" Und sie wusste, dass Jenny wieder einen von ihren verrückten Plänen geschmiedet hatte.

„Das wirst du schon sehen", sagte Jenny. „Aber jetzt muss ich los. Versprich mir nur, dass du um vier Uhr da sein wirst, einverstanden?" Ohne auf eine Antwort zu warten, flitzte Jenny aus dem Zimmer und rannte, zwei Stufen auf einmal nehmend, die Treppe hinunter.

„Ich werde da sein", rief Julia ihr nach. „Aber nur, wenn du mir auch etwas versprichst."

„Was denn?", rief Jenny von unten hoch.

„Sieh für mich nach Pepper", rief Julia vom oberen Treppenabsatz herunter.

„Abgemacht", erwiderte Jenny und verließ das Haus der Atwoods.

Julia setzte sich auf die oberste Stufe und seufzte. Sie konnte es kaum noch erwarten, bis es endlich vier Uhr wurde. Sie wollte unbedingt wissen, was Jenny vorhatte, denn wenn es eines der typischen Jenny-Vorhaben war, würde es sicher sehr lustig werden.

Aber was noch wichtiger war: Um vier Uhr konnte sie selbst nach Pepper sehen.

Wenige Minuten später war Jenny auf dem Weg nach Pine Hollow. Normalerweise dauerte der Fußmarsch von Julias Elternhaus zum Stall rund fünfzehn Minuten, doch an diesem Tag musste Jenny etwas langsamer gehen als normal. Das lag daran, dass die Gehwege zum Teil mit Eis bedeckt waren, und es lag hauptsächlich daran, dass Jenny einen roten Handwagen hinter sich herzog. Der Wagen war beladen mit einer Vielzahl von Gegenständen, zwischen denen niemand außer Jenny einen Zusammenhang erkannt hätte. Schon am Morgen, als sie zur Sieben-Uhr-Dreißig-Fütterung in den Stall gegangen war, hatte sie eine solche Ladung dabeigehabt.

Nach ihrer Ankunft ließ Jenny den Wagen samt Inhalt im Eingangsbereich der Reithalle stehen. Dann machte sie sich eilig an die Stallarbeit, denn sie wollte schnell fertig werden und sich dann den interessanteren Dingen des Lebens zuwenden. Als sie zu Peppers Box kam, betrachtete sie das alte Pferd genau, doch es schien vollkommen in Ordnung zu sein, abgesehen davon, dass es etwas müde wirkte. Sie zuckte mit den Achseln, streichelte ihm kurz über die Nase und fragte sich, weshalb Julia sich solche Sorgen um ihn machte.

Als schließlich alle Pferde versorgt waren, ging sie in den Umkleideraum. Dort stand ein großer Tisch, und mit etwas Mühe gelang es ihr, ihn in die Reithalle zu zerren. Dann kehrte sie zurück, um zwei der langen Bänke zu holen, die vor den Schrankfächern der Reitschüler standen. Als sie die Bänke in der Halle zu beiden Seiten des Tisches aufgestellt hatte, trat sie zurück und begutachtete händereibend ihr Werk.

Doch wenn sie um vier Uhr fertig sein wollte, hatte sie keine Zeit zu verlieren. Sie begann Michaels Wagen zu entladen und legte die Sachen auf den Boden neben die Dinge, die sie bei der ersten Tour schon mitgebracht hatte. Als Erstes nahm sie jedoch das leuchtend orangefarbene Papiertischtuch, das sie sich von Julias Mutter geliehen und mit dem sie den Inhalt des Wagens abgedeckt hatte. Sie breitete es auf dem Tisch aus und stellte zufrieden fest, dass es genau die richtige Größe hatte.

Als alles ausgeladen war, öffnete sie die große Tüte, in der sich das Festessen aus Pappmaschee befand, das in ihrer Schule jedes Jahr für die Thanksgiving-Aufführung verwendet wurde. Dazu gehörten ein riesiger Truthahnbraten sowie diverse Beilagen. Es hatte Jenny einige Mühe gekostet, diese Requisiten aufzuspüren und die Lehrerin, die sie in Verwahrung hatte, dazu zu überreden, sie ihr zu leihen. Sie hatte Jenny mindestens ein Dutzend Mal versprechen lassen, die Sachen in gutem Zustand zurückzubringen. Die Lehrer wussten natürlich alle, was die Schüler von der alljährlichen Aufführung hielten, und sie fürchtete wahrscheinlich, dass Jenny vorhatte, sich aufs Grausamste an dem Truthahn zu rächen. Es war Jenny jedoch irgendwann gelungen, sie vom Gegenteil zu überzeugen, und darüber war sie jetzt sehr froh. Das Essen auf dem Tisch war gewissermaßen das Tüpfelchen auf dem i.

Als Nächstes hängte Jenny die Papierschlangen und die verschiedenen Thanksgiving-Dekorationen auf, die sie von zu Hause und von den Atwoods mitgenommen hatte. Dabei achtete sie darauf, sie nur an Stellen aufzuhängen, die kein Pferd erreichen konnte. Sie legte keinen gesteigerten Wert darauf, Max erklären zu müssen, dass eines seiner Pferde Bauchweh gehabt hatte, nachdem es einen Pilgervater aus Pappe verzehrt hatte.

Nachdem die Halle für ihren Geschmack festlich genug aussah, öffnete Jenny eine zweite, kleinere Tüte. Sie enthielt die Pappteller und -schüsseln, die sie am Tag zuvor in dem Discountladen im Ort gekauft hatte. Sie stellte ein paar leere Teller auf den Tisch. Die übrigen Teller und die Schüsseln füllte sie mit dem unechten Essen und verteilte sie dann ebenfalls auf dem Tisch.

„Das ist das Essen für die Pilgerväter", erklärte sie einer der Stallkatzen, einem grauweiß getigerten Kater, der ihr neugierig in die Halle gefolgt war. „Die anderen Schüsseln sind die Körbe der Indianer."

Der Kater gähnte und schlenderte wieder aus der Halle. Doch Jenny achtete nicht auf ihn, denn Julia,

Laura und Veronica waren gerade eingetroffen. In ihrer Aufregung hatte Jenny ganz vergessen, dass Veronica auch kommen würde, und einen Moment lang war sie verärgert. Sie wollte, dass diese Veranstaltung eine reine Sattelclubangelegenheit war.

Doch dann beschloss sie, Veronicas Anwesenheit genauso freundlich aufzunehmen, wie es die Indianer bei den Pilgervätern getan hatten. Wenn sie es so betrachtete, störte Veronica kaum noch.

„Hallo, Leute", begrüßte sie die drei. „Ihr kommt gerade rechtzeitig. Ich habe Arbeit für euch. Aber wir müssen uns beeilen. Um Punkt vier wird gegessen."

„Essen?", stöhnten Julia und Laura wie aus einem Mund. Sie hatten zu Hause so viel Leckeres vertilgt, dass sie beide das Gefühl hatten, den Rest ihres Lebens nichts Essbares mehr sehen zu können.

Jenny überhörte ihr Stöhnen. „Julia und Veronica, ihr geht los und holt alle Pferde. Bindet sie im Kreis um den Tisch herum an", sagte sie. „Laura, du kannst mir helfen, diese Körbe mit Äpfeln und Hafer zu füllen."

„Körbe?", wiederholte Laura und betrachtete verwirrt den Stapel Pappschüsseln in Jennys Hand.

„Jenny, hast du zufällig vor, uns zu verraten, was hier eigentlich vorgeht?", fragte Julia.

„Sieht man das nicht?", fragte Jenny. „Wir werden eine Thanksgiving-Aufführung für die Pferde veranstalten!"

# 8

„*Was* werden wir?" Laura war überzeugt, dass sie Jenny falsch verstanden hatte. „Hast du gesagt, dass wir eine Aufführung für die Pferde veranstalten?"

„Allerdings", bestätigte Jenny grinsend.

„Aber ich dachte, du hasst Thanksgiving-Aufführungen", wendete Julia ein.

„Keineswegs. Ich habe doch schon versucht, euch das zu erklären. Es sind nicht die Aufführungen, die ich hasse", sagte Jenny. „Ich denke, was ich wirklich hasse, ist die Einstellung der Leute, die glauben, dass es ausreicht, Thanksgiving zu feiern, indem sie es sich bequem machen und sich eine dieser Aufführungen ansehen. Außerdem wird diese Aufführung etwas anderes sein, weil wir darin mitwirken, statt nur zuzusehen."

„Das kapiere ich nicht", murmelte Laura.

Julia dagegen fing an zu strahlen. „Ich schon", sagte sie. „Wir tun den Pferden etwas Gutes, indem wir ihnen ein Festessen servieren. Und mit der Aufführung – die die Pferde sicher nicht verstehen, aber wahrscheinlich ganz interessant finden werden –, tun wir uns selbst etwas Gutes, indem wir uns bewusst machen, worum es bei diesem Feiertag eigentlich geht. Hab ich Recht?"

„Bingo", antwortete Jenny grinsend. „Und ich dachte mir, dass die Requisiten von unserer lächerlichen Schulaufführung dem Ganzen erst den richtigen Pfiff geben."

Trotz ihrer anfänglichen Skepsis waren die Mädchen schnell mit Begeisterung bei der Sache. Jenny hatte sie wieder einmal mitgerissen.

Julia und Veronica holten die Pferde und banden sie in der Halle an. Schon bald standen fast alle Tiere geduldig an der Bande. Das einzige Pferd, das in seiner Box bleiben musste, war der Hengst Geronimo. „Tut mir Leid", sagte Julia zu ihm und streichelte ihm die Nase. Es tat ihr wirklich Leid, dass Geronimo die Festlichkeiten verpassen würde, doch sie war nicht bereit, ein Risiko einzugehen. Hengste waren nun einmal unberechenbar, und wenn Geronimo außer Kontrolle geriet, konnte er sich und andere verletzen.

Julia war sich auch nicht sicher, ob es richtig war, Pepper diese Aufregung zuzumuten, doch als sie zu seiner Box kam, schien er so froh, sie zu sehen, dass sie es nicht übers Herz brachte, ihn stehen zu lassen.

In der Zwischenzeit hatten Jenny und Laura alle Schüsseln mit Hafer und Äpfeln gefüllt und auf den Tisch gestellt. „Fertig", sagte Laura und wischte sich die Hände an ihrer Jeans ab. „Und was jetzt?"

„Sind alle Pferde hier?", fragte Jenny und ließ ihren

Blick durch die Halle schweifen. „Allerdings“, beantwortete sie ihre eigene Frage.

„Gut“, fuhr Jenny fort. „Julia, du und Veronica könnt die Pilgerväter spielen.“ Sie stülpte den leeren Futterkübel um, in dem der Hafer gewesen war. „Das hier ist Plymouth Rock.“

Die beiden bestiegen „Plymouth Rock“ und Julia fiel sogar eine kleine Ansprache ein, mit der sie die Aufführung beginnen konnte.

„Wir Pilgerväter sind hier in der Neuen Welt gelandet“, deklamierte sie dramatisch, „und wir sind entschlossen, hier in Freiheit zu leben, frei von Unterdrückung, frei von Nachstellungen …“

„Frei von hochgestochenen Worten wie ‚Nachstellungen‘“, warf Laura frech ein.

„Frei von Leuten, denen die einfachsten Wörter zu schwierig sind“, konterte Julia und warf Laura einen erbosten Blick zu, während Jenny und Veronica hemmungslos kicherten. „Hier wollen wir in Frieden leben, zusammen mit unseren treuen Pferden. Auch sie werden in Frieden leben mit den einheimischen Pferden …“

„Wenn man es genau nimmt, gab es in der Neuen Welt gar keine einheimischen Pferde“, sagte Laura zu Jenny, während Julia ihre alberne Ansprache fortsetzte.

„Wie meinst du das?“, fragte Jenny überrascht. „In diesen alten Westernfilmen, die dein Vater so gern sieht, reiten die Indianer doch alle.“

Laura nickte. „Ja, zu der Zeit hatten sie schon Pferde. Aber die gab es in Amerika nicht immer. Sie sind erst mit den spanischen Eroberern ins Land gekommen. Als die Indianer die ersten spanischen Reiter sahen, sind sie vor Angst fast gestorben. So etwas hatten sie noch nie gesehen, und sie hielten die Reiter für Fabelwesen, die halb Tier und halb Mensch waren."

„He, was ist denn da unten los?", fragte Julia von ihrem Kübel herunter. „Interessiert euch meine geniale Ansprache nicht?"

„Entschuldige", sagten Jenny und Laura im Chor und bemühten sich, zerknirscht auszusehen.

„Schon gut", sagte Julia. „Ich wollte ohnehin gerade das Schlusswort sprechen." Sie räusperte sich: „Und hiermit verkünde ich unseren festen Entschluss, einträchtig mit den Indianern zusammenzuleben, alles Mögliche gemeinsam zu machen, dankbar zu sein und was sonst noch so dazugehört."

„Ich finde, am Ende hat die Rede etwas nachgelassen", stellte Laura fest.

Doch Jenny war schon mit der Inszenierung der nächsten Szene beschäftigt. „Jetzt müsst ihr Pilgerväter Häuser bauen und Sachen anpflanzen und so etwas", befahl sie Julia und Veronica. Die beiden tauschten einen Blick, zuckten mit den Achseln und begannen dann, so zu tun, als täten sie, was Jenny angeordnet hatte.

„Und was ist mit uns?", fragte Laura Jenny.

„Dazu wollte ich gerade kommen“, sagte Jenny. „Wir spielen die Indianer.“

„Tolle Idee“, lobte Laura strahlend. Die beiden fingen gleich an, Julia und Veronica zu helfen, und alle vier erfanden den Text für ihr Stück aus dem Stegreif.

„Seht mal, die Pferde beobachten uns“, bemerkte Jenny. Tatsächlich schienen die Pferde von ihrer Aufführung absolut gefesselt zu sein.

„Jenny, ich enttäusche dich nur ungern, aber ich fürchte, dass das nicht an deinen schauspielerischen Fähigkeiten liegt“, sagte Veronica. „Sie riechen einfach nur den Hafer und die Äpfel.“

Jenny grinste, und ausnahmsweise machte es ihr nicht einmal etwas aus, dass so eine Bemerkung mal wieder von Veronica kam. Diese eingebildete Person hatte tatsächlich gerade einen Witz gemacht!

Die Mädchen beendeten ihre Pantomime und betonten die Großzügigkeit und Hilfsbereitschaft der Indianer, die es den Pilgervätern ermöglicht hatte, in der Neuen Welt Fuß zu fassen. „Und jetzt ist es Zeit für das Festessen“, verkündete Jenny schließlich.

Die Mädchen eilten zum Tisch und begannen, das Futter an die Pferde zu verteilen, die es allesamt dankbar annahmen. „Seht mal, Topside scheint zu wissen, worum es geht“, sagte Jenny. Die anderen sahen zu, wie Jennys Lieblingspferd mit dem Kopf nickte, während sie es mit Apfelstücken fütterte. „Er sagt danke schön!“

„Und ich danke euch allen, dass ihr mir bei der Durchführung geholfen habt“, sagte Jenny.

„Lass mich raten“, schaltete sich Laura ein. „Gleich wirst du uns im Voraus dafür danken, dass wir dir helfen, wieder Ordnung in dieses Chaos zu bringen.“

Jenny grinste. „Du kennst mich einfach zu gut. Und dafür danke ich dir.“

Während Jenny die Requisiten wieder in ihren Handwagen lud, fingen die drei anderen Mädchen schon an, die Pferde in den Stall zurückzubringen. Veronica war die Erste – sie nahm Garnet am Halfter und führte sie aus der Halle. Das Pferd, das Julia am nächsten stand, war Topside, also knotete sie seine Führleine los.

Der Knoten in Topsides Anbindestrick hatte sich fest gezogen, und Julia brauchte einen Moment, um ihn wieder zu lösen. Als sie es geschafft hatte, bemerkte sie, dass Laura Pepper aus der Halle führen wollte. Doch sie war stehen geblieben, einen Schritt zurückgetreten und musterte Pepper nun besorgt.

„Julia“, rief Laura, „ist dir aufgefallen, wie schlecht Pepper aussieht? Ich fürchte, er ist krank.“

Julia nickte. „Was du nicht sagst“, antwortete sie grob.

Jenny und Laura sahen sie verblüfft an.

„Entschuldige“, sagte Julia schnell und sah verlegen aus. „Ich wollte dich nicht so anfahren.“

„Das macht doch nichts“, sagte Laura, ging zu Julia und legte ihr einen Arm um die Schultern. „Was ist denn los mit Pepper? Wie lange ist er schon in diesem Zustand?“

„Mindestens seit dem Abend in der letzten Woche, an dem wir ihn von der Weide geholt haben“, sagte Julia.

„Deshalb hast du mich vorhin gebeten, nach ihm zu sehen“, sagte Jenny. „War Judy schon bei ihm? Weiß sie, was ihm fehlt?“

Julia nickte. „Sie war da“, sagte sie so leise, dass es kaum zu hören war.

„Und?“, fragte Jenny erwartungsvoll.

„Sie sagt, dass Pepper … stirbt“, berichtete Julia und schaute ihre Freundinnen an.

„Oh, nein!“, riefen Jenny und Laura gleichzeitig aus. „Wie schrecklich“, flüsterte Laura. „Der arme Pepper.“ Sie eilte auf den alten Schimmel zu und schlang ihm beide Arme um den Hals.

„Aber Judy muss doch etwas für ihn tun können“, sagte Jenny. „Hat sie ihm denn keine Medizin oder so etwas gegeben?“

Julia nickte und griff in ihre Hosentasche. „Das soll ich ihm geben, wenn ich den Eindruck habe, dass er Schmerzen hat.“ Sie zeigte ihren Freundinnen das Medizinfläschchen.

„Ich denke, dass er jetzt etwas davon bekommen sollte“, stellte Laura fest. „Führen wir ihn zurück in seine Box. Wir werden uns um ihn kümmern, sobald wir die anderen Pferde weggebracht haben.“

Die beiden anderen nickten nur, denn Veronica war zurückgekommen. Auch wenn sie in letzter Zeit ziemlich nett gewesen war, waren die drei sich doch einig, dass sie nichts über Peppers Zustand erfahren sollte. Er war etwas, das nur den Sattelclub anging.

„He, was macht ihr denn alle hier?", fragte Veronica. „Ich hoffe, ihr erwartet nicht, dass ich all diese Pferde allein in den Stall bringe."

„Nein, nein", sagte Jenny schnell. „Wir helfen natürlich." Sie griff nach Delilahs Halfter und führte die ruhige Stute zum Tor. Laura folgte ihr mit Pepper und Julia mit Topside.

Kurze Zeit später standen alle Pferde wieder in ihren Boxen. Jenny hatte bereits überlegt, wie sie Veronica loswerden konnten, um sich in Ruhe um Pepper kümmern zu können, doch das war gar nicht nötig gewesen. Veronica verkündete, dass sie Garnet den Schweif waschen wollte und schlenderte davon.

Laura schüttelte den Kopf und sah ihr nach. „Sie gibt sich Mühe. Immerhin."

„Kann sein", bemerkte Jenny skeptisch. „Aber was hätte sie gesagt, wenn du darauf bestanden hättest, sofort nach Hause zu gehen? Sie hat dich nicht einmal gefragt."

Laura zuckte mit den Achseln. „Das stört mich nicht. Solange sie sich um ihr Pferd kümmert, macht mir das Warten nichts aus."

Jenny lächelte. Eigentlich hätte sie mit dieser Antwort rechnen müssen. Laura ging das Wohlbefinden der Pferde nun einmal über alles.

„Kommt jetzt", drängte Julia. „Wir müssen uns um Pepper kümmern."

Auf diese Weise an ihre Mission erinnert, hasteten die drei zu Peppers Box. Das alte Pferd stand wieder mit tief hängendem Kopf in der hintersten Ecke. Julia fiel jedoch auf, dass Pepper nicht mehr so schwer zu atmen schien wie in den letzten Tagen.

Sie informierte ihre Freundinnen darüber. „Gut", sagte Jenny. „Das muss bedeuten, dass die Medizin wirkt und es ihm allmählich besser geht."

„Das hoffe ich auch", sagte Laura. Julia hatte allerdings den Eindruck, dass sie sich deutlich weniger überzeugt anhörte als Jenny. „Aber auf jeden Fall sollten wir ihm jetzt noch eine Ladung davon geben."

„Ganz meine Meinung", sagte Jenny. „Pepper, du wirst in null Komma nichts wieder auf den Beinen sein, denn ab sofort wird sich das weltberühmte Sattelclubpflegerteam um dich kümmern."

Und Julia lächelte trotz all ihrer Sorge. Jetzt, wo sie ihren Freundinnen von Pepper erzählt hatte, sah alles nicht mehr so bedrohlich aus. Sie wünschte nur, dass sie sich ihnen früher anvertraut hätte. Sie hätte wissen müssen, dass sie dasselbe empfinden würden wie sie. Julia gab Pepper seine Medizin, und dann leisteten sie ihm noch eine Weile Gesellschaft. Während die drei mit ihm redeten und ihn streichelten, wurde er deutlich munterer.

„Entweder die Medizin wirkt, oder es gefällt ihm, wie wir uns so um ihn kümmern", stellte Laura fest, als Pepper den Kopf hob und mit seinem weichen Maul durch ihr dunkles Haar fuhr.

„Wahrscheinlich beides", vermutete Jenny. „Seht ihr, das ist der Beweis. Wenn er noch eine Zeit lang seine Medizin bekommt, wird es ihm besser gehen. Judy ist einfach vom Schlimmsten ausgegangen. Sie weiß eben nicht, wie tapfer und stark Pepper ist und wie viel er hat, für das es sich zu leben lohnt."

„Ja, das stimmt", sagte Julia. Und wenn sie Pepper betrachtete, glaubte sie beinahe, dass Jenny Recht haben konnte. Das alte Pferd sah viel besser aus als noch vor wenigen Minuten, wenn es auch immer noch sehr müde wirkte.

„Kommt", sagte Laura und klopfte Pepper ein letztes Mal den Hals. „Wir sollten Veronica bei Garnet helfen. Es wird allmählich spät."

Auch Jenny und Julia verabschiedeten sich von Pepper und folgten Laura aus der Box. Im Weggehen sah Julia sich noch einmal um und stellte fest, dass Pepper ihr mit gespitzten Ohren nachschaute. Sie musste lächeln.

# 9

Julia wachte schon vor dem Morgengrauen auf. Sie hatte schlecht geträumt, und Pepper war in diesem Traum vorgekommen. An das meiste konnte sie sich nicht mehr erinnern, aber sie wusste noch, dass Pepper in irgendwelchen Schwierigkeiten gesteckt hatte und dass sie ihm nicht hatte helfen können.

Sie warf einen Blick auf die grünen Leuchtziffern ihres Radioweckers. Es war noch viel zu früh, um ans Aufstehen zu denken. Also drehte sie sich auf die andere Seite und versuchte wieder einzuschlafen.

Es hatte keinen Sinn. Sie musste immerzu an Pepper denken. Eigentlich war das merkwürdig, denn als sie am Vortag mit ihren Freundinnen bei ihm gewesen war, hatte er einen relativ munteren Eindruck gemacht. Normalerweise war Julia zu vernünftig, um viel auf Albträume zu geben, doch irgendetwas an diesem Traum hatte ihr mehr Angst gemacht als die Monster und Kobolde, von denen sie als Kind manchmal geträumt hatte.

Sie stand auf und zog die Jeans und den Pullover vom

Vortag an, wobei sie sich bemühte, Jenny nicht zu wecken, die auf der anderen Seite des Doppelbetts fest schlief. Sehr vorsichtig zog sie danach die oberste Schublade ihrer Kommode auf und suchte ein paar dicke Socken heraus.

Es gelang ihr auch, auf ihrem Schreibtisch einen Stift und ein Stück Papier zu finden, ohne das Licht einzuschalten. Hastig kritzelte sie eine Nachricht für Jenny auf das Papier und legte es auf ihren Nachttisch. Dann nahm sie die Stallschlüssel mit, die Jenny am Abend zuvor auf den Nachttisch gelegt hatte.

Sie steckte die Schlüssel zu Peppers Medizin in die Tasche und schrieb in der Küche eine Nachricht für ihre Mutter. Nachdem sie ihre Schuhe und eine warme Jacke angezogen hatte, schlich sie zur Haustür hinaus und zog sie so leise hinter sich zu, wie sie konnte.

Eilig marschierte sie in Richtung Pine Hollow. Ihre Schuhe knirschten auf dem gefrorenen Gras, und ihr Atem bildete Dampfwolken in der eisig kalten Luft. Sie war es nicht gewohnt, zu dieser Stunde unterwegs zu sein, und als sie sich dem Stall näherte, sahen selbst die altbekannten Zäune und Gebäude im grauen Licht vor der Morgendämmerung unheimlich und bedrohlich aus. Alles war still und ruhig.

Um die Schlüssel aus der Tasche zu holen und die Stalltür aufzuschließen, musste sie die Handschuhe ausziehen, und obwohl es ganz schnell ging, waren ihre

Hände taub, als sie es geschafft hatte. Sie war froh, als das Türschloss sich mit einem Klicken öffnete und sie in den warmen Stall flüchten konnte.

Drinnen verlor sie auf dem Weg zu Pepper keine Zeit. Sie blieb nicht einmal stehen, um die Pferde zu begrüßen, die aus ihren Boxen schauten und ihr zuwieherten, obwohl sie sich sicher fragten, was sie um diese Zeit schon im Stall zu suchen hatte.

Julia hatte sich bereits fast daran gewöhnt, dass Pepper nicht mehr über die Halbtür schaute, als sie ihn aber schwer atmend auf der Seite liegen sah, durchfuhr sie ein Schreck.

„Pepper!", keuchte Julia, sank auf die Knie und hob seinen Kopf auf ihren Schoß. Peppers Augen waren trüb, und sein Atem machte rasselnde Geräusche, die Julia bisher nicht aufgefallen waren. Natürlich wusste sie, dass sich Pferde zum Schlafen in ihre Box legten, doch sie wusste auch, dass so alte Pferde wie Pepper dies möglichst vermieden, weil es ihnen oft schwer fiel, sich wieder zu erheben. Einen Moment lang war sie wie erstarrt, vollkommen hilflos und nicht einmal in der Lage nachzudenken.

Dann setzte aber der logische Teil ihres Gehirns ein, und sie erinnerte sich an die Medizin in ihrer Tasche. Als sie aufstand, um die Flasche und die Spritze herauszuholen, fiel ihr auf, dass Pepper das Futter, das Jenny ihm am Vorabend gegeben hatte, nicht angerührt hatte.

Julia hatte schon vor langer Zeit gelernt, dass dies ein schlechtes Zeichen war.

Sorgsam zog sie die benötigte Menge des Medikaments in die Spritze auf und kniete sich wieder hin, um sie Pepper einzuflößen. Während sie darauf wartete, dass die Wirkung einsetzte, streichelte sie seinen Kopf. Außerdem sprach sie unablässig auf das Tier ein, ohne dass sie sich bewusst war, was sie ihm eigentlich erzählte. Und sie versuchte, ihre Stimme so beruhigend klingen zu lassen, wie sie nur konnte – nicht nur für Pepper, sondern vor allem für sich selbst.

Während sie im Stroh saß und auf Pepper einredete, bemerkte sie, dass seine Atmung etwas ruhiger wurde – die rasselnden Geräusche verschwanden jedoch nicht. Das treue alte Pferd schien sich über ihre Anwesenheit zu freuen, gleichzeitig konnte Julia nicht übersehen, dass Pepper ihr deutlich weniger Aufmerksamkeit schenkte als noch am Tag zuvor. Es war fast, als wäre er mit seinen Gedanken woanders und bekäme nur am Rande mit, dass sie bei ihm war. Die innere Unruhe, die er in letzter Zeit so oft gezeigt hatte, war verschwunden und seine Atmung ging langsam und gleichmäßig. Seine Ohren, die einst auf jeden Laut reagiert hatten, zuckten gelegentlich in ihre Richtung, doch wie der Rest seines Körpers schienen sie sich beinahe im Zeitlupentempo zu bewegen, als wäre ihm selbst diese kleine Reaktion schon zu anstrengend.

Julia streichelte ihn und sprach mit ihm. Sie erzählte ihm, wie viel Freude ihr jeder einzelne Ritt auf ihm gemacht hatte, von der ersten Reitstunde an ihrem zweiten Tag in Pine Hollow bis zu ihrem letzten gemeinsamen Ausritt am Tag vor seiner Pensionierung.

„Weißt du, Pepper", erklärte sie ihm ernst, „ich glaube, du bist einer der Gründe, warum ich das Reiten so liebe. Und weißt du noch, wie viele von den anderen Reitern zu deiner Abschiedsparty gekommen sind? Sie sind alle gekommen, um dir zu sagen, wie sehr sie dich lieben und was du ihnen bedeutest. Und das gilt auch für mich, das solltest du wissen."

Das Pferd stieß einen langen Seufzer aus und blinzelte. Eine Sekunde lang sah Pepper Julia an, doch dann starrte er erneut ins Leere.

„Erinnerst du dich noch an unser erstes Turnier?", fragte Julia. „Nun ja, natürlich war es nicht *dein* erstes Turnier, aber es war das erste, an dem wir zusammen teilgenommen haben, und die Schleifen, die wir gewonnen haben, sind ein Beweis dafür, was für ein gutes Team wir waren, findest du nicht?"

„Und weißt du noch, wie wir beide mit Skye in diesem Film mitgespielt haben?", fuhr Julia fort. Einige Szenen des Films waren in Pine Hollow gedreht worden. Skye Ransom, der jugendliche Hauptdarsteller, hatte Julia gebeten, ein Pferd für ihn auszusuchen. Sie hatte Pepper gewählt, weil sie wusste, dass der brave Schimmel seine

Rolle perfekt spielen würde – zumal Skye kein besonders guter Reiter war. Bei der Erinnerung daran musste Julia lächeln. Diese Filmszenen zu drehen war viel härtere Arbeit gewesen, als sie geglaubt hatte, doch hatte es auch unheimlich viel Spaß gemacht.

Sie sprach schneller und schneller, denn ihr fielen immer neue Dinge ein. Sie redete von all dem Spaß, den sie und Pepper gehabt hatten, und versicherte ihm immer wieder, wie sehr sie jeden Augenblick genossen hatte. Sie erzählte von dem Zweitagesritt durch die Berge, den sie gemeinsam unternommen hatten, dem wundervollen Silberstern-Ritt an Heiligabend und dem Spaß, den sie gehabt hatte, als Max ihnen die Grundbegriffe des Polospiels beigebracht hatte. Und dann war da natürlich noch dieses erste Turnier – ein Hausturnier, bei dem Julia mit Pepper drei Schleifen gewonnen hatte. Es gab so viele Erinnerungen, dass Julia glaubte, niemals mit dem Erzählen aufhören zu können. Und sie wollte es auch gar nicht.

Während sie redete, konzentrierte sie sich auf irgendeinen Hinweis darauf, dass die Medizin ihre Wirkung zeigte. Doch abgesehen davon, dass sich Peppers Atmung ein wenig beruhigt hatte, schien sich sein Zustand nicht zu verändern. „Pepper, du musst wieder gesund werden", befahl sie ihm und strich seinen Schopf glatt. „Du musst einfach!"

Als das Pferd wieder seufzte und seine Ohren noch

etwas tiefer absackten, merkte Julia, welche Mühe Pepper allein das Atmen machte. Seine Augen fielen zu, und Sekunden später war er eingeschlafen.

„Keine Angst, Pepper“, flüsterte Julia. „Ich bin bei dir. Alles wird wieder gut.“

Doch sie hatte diese Worte kaum ausgesprochen, als ihr auch schon klar wurde, dass sie sie mehr an sich selbst gerichtet hatte als an das leidende Pferd. Sie musste sich eingestehen, dass Pepper offenbar längst begriffen hatte, was sie erst allmählich einsah.

„Pepper“, sagte sie leise zu dem schlafenden Pferd. „Seit ich dich kenne, hast du so viel für mich und alle anderen hier im Stall getan.“ Sie holte tief Luft. „Und ich glaube, ich habe jetzt begriffen, was ich nun für dich tun muss. Es gefällt mir zwar nicht, aber ich glaube, es ist das Beste für dich, und nur das zählt.“

Sie strich noch einmal über Peppers Kopf – sehr sanft, um ihn nicht zu wecken. Sie wusste, dass sie die nächsten Worte laut aussprechen musste, denn sonst würde sie nie tun können, was sie tun musste. „Pepper, ich weiß, dass du leidest, und das ist nicht fair. Ich will auch nicht mit ansehen, wie du langsam stirbst. Deshalb werde ich jetzt das tun, was das Beste für dich ist. Bleib du hier und ruh dich aus – ich gehe jetzt Judy anrufen.“

Sie hob seinen Kopf von ihrem Schoß und legte ihn vorsichtig ins Stroh. Pepper wachte nicht auf und bewegte sich auch nicht, als sie seine Box verließ. Die rasselnden Atemgeräusche verfolgten sie auf dem ganzen Weg zu Max' Büro.

Julia fiel auf, dass inzwischen die Sonne aufgegangen war. Es erstaunte sie, dass so viel Zeit vergangen war.

Sie rief als Erstes bei Judy an. Die Tierärztin versprach, im Laufe der nächsten Stunde zu kommen. Dann wählte Julia ihre eigene Nummer. Als sich ihre Mutter meldete, erklärte sie ihr kurz, was passiert war, und bat darum, Jenny sprechen zu dürfen.

„Hallo?", sagte Jenny einen Moment später verschlafen. „Julia? Wo bist du?"

„In Pine Hollow", sagte Julia. „Ich bin hingegangen, weil ich mir Sorgen um Pepper gemacht habe. Mit gutem Grund, wie sich herausgestellt hat. Jenny, es geht ihm schlechter." Ihre Stimme brach.

Jenny war sofort hellwach. „Wie viel schlechter?", fragte sie.

„Sehr viel schlechter", antwortete Julia ehrlich. Obwohl sie sich schrecklich fühlte, war es doch eine Erleichterung, ihren Schmerz mit Jenny teilen zu können. „Ich habe Judy schon angerufen. Sie kommt, sobald sie kann. Ich glaube, es ist Zeit, Pepper gehen zu lassen." Zum ersten Mal an diesem Morgen kamen Julia die Tränen. Sie unterdrückte sie. „Ich glaube, das ist das Beste für ihn."

„Ich komme sofort", versprach Jenny. „Hast du schon mit Laura gesprochen?"

„N-n-n…“ Julia konnte nicht mehr weiter reden, weil sie so heftig gegen die Tränen kämpfte.

„Ich rufe sie an“, sagte Jenny schnell. „Wir werden beide kommen, und Veronica ebenfalls, wie ich fürchte, es sei denn, wir schaffen es, sie unterwegs zu verlieren.“

Julia versuchte, über Jennys Scherz zu lachen, doch sie brachte nur ein ersticktes Schniefen hervor.

„Keine Sorge, Julia. Halt durch, bis wir kommen“, sagte Jenny beruhigend, denn ihr war klar, dass ihre Freundin im Moment nicht in der richtigen Verfassung für ihre Scherze war. Sie wusste, wie viel Julia Pepper bedeutete, und wenn er eingeschläfert werden musste, wollte sie für beide da sein.

Jenny verabschiedete sich und wählte dann sofort Lauras Nummer.

„Veronica und ich werden in ein paar Minuten da sein“, sagte Laura sofort, nachdem Jenny ihr erklärt hatte, was los war. „Ich bin sicher, dass mein Dad uns hinfährt. Wir holen dich ab, einverstanden?“

In der Zwischenzeit hatte Julia Red O'Malley angerufen und war dann in Peppers Box zurückgekehrt, um dort auf alle anderen zu warten.

Jetzt kam es nur noch darauf an, bei Pepper zu sein und ihm zu zeigen, wie sehr sie ihn liebte und dass er nicht allein war. Sie hatte das Richtige getan. Sie hoffte nur, dass es ihr auch gelang, mit den Folgen dieser Entscheidung fertig zu werden.

# 10

Oberst Hanson setzte Laura, Jenny und Veronica auf dem Hof von Pine Hollow ab, und die drei rannten in den Stall. Auf ihrem Weg zu Peppers Box trafen sie Red.

„Wie geht es Pepper?“, fragte Laura besorgt.

„Und Julia?“, fügte Jenny hinzu.

Red schüttelte den Kopf. „Die Antwort auf beide Fragen ist: ‚Ich weiß es nicht.‘ Ich bin selbst gerade erst gekommen.“

Inzwischen hatten sie Peppers Box erreicht und verschwendeten keine Zeit mehr mit Reden. Jenny und Laura schauten über die Halbtür und sahen Julia mit Peppers Kopf auf dem Schoß im Stroh sitzen. Sie redete mit ihm, und er schien ihr zuzuhören. Seine großen, braunen Augen waren auf Julias Gesicht gerichtet.

„Julia, wir sind da“, sagte Jenny.

Julia schaute auf. „Danke“, sagte sie. „Pepper hat eine Zeit lang geschlafen und ist gerade wieder aufgewacht.“

Laura sah Red an, der neben ihr an der Boxentür stand. „Er sieht nicht gut aus, nicht wahr?“, sagte sie halblaut.

Der Stallmeister schüttelte den Kopf. „Es war richtig, dass Julia Judy angerufen hat“, sagte er traurig.

Laura nickte. Jenny ebenfalls. Und beide hätten schwören können, dass von Veronica, ein unterdrücktes Schluchzen zu hören gewesen war.

Dann hörten sie alle, wie Judys Wagen vor der Stalltür hielt. Einen Augenblick später war die Tierärztin bei ihnen. Sie begrüßte alle und betrat die Box.

Julia stand auf und trat zurück, damit Judy Pepper ungehindert untersuchen konnte. Doch ein kurzer Blick reichte der Tierärztin.

„Julia, ich danke dir, dass du den Mut gefunden hast, mich anzurufen“, sagte sie leise. „Ich möchte, dass du weißt, dass deine Entscheidung richtig war, auch wenn du vielleicht daran zweifelst. Pepper ist sehr krank, aber er braucht nicht länger zu leiden.“

Julia nickte nur. Tief in ihrem Innern wusste sie längst, dass das der richtige Weg war.

„Wenn ihr jetzt gehen wollt, kann ich das verstehen“, sagte Judy.

Julia holte tief Luft. „Ich möchte dabei sein“, sagte sie. „Ich schulde es ihm.“

Jenny nickte hastig. „Wir bleiben alle.“

„Ja“, bestätigte Laura leise.

Julia kniete sich wieder neben Pepper ins Stroh, und Laura und Jenny taten es ihr nach. „Es ist Zeit, sich von ihm zu verabschieden“, sagte Julia.

Laura nickte nur. Doch Jenny nahm Peppers großen Kopf in beide Hände und drehte ihn vorsichtig so weit, dass er ihr direkt in die Augen sah. Er blinzelte und schien überrascht, sie zu sehen.

„Sieh mich nicht so an", sagte Jenny. Sie versuchte, in einem strengen Tonfall zu sprechen, doch sie versagte kläglich. „Du glaubst doch wohl nicht, dass ich dich ohne richtigen Abschied gehen lasse, oder?" Und zur Verblüffung aller Umstehenden drückte Jenny Pepper einen dicken Kuss auf seine weiche, weiße Nase. Dann beugte sie sich nach vorn und umarmte ihn. „Wir werden dich nie vergessen, Pepper."

Als Nächste war Laura an der Reihe. Sie streichelte Peppers Kopf und sprach ernst auf ihn ein. „Pepper, du warst uns allen ein guter Freund „Du hast dir deine Ruhe verdient. Leb wohl."

Als Julia näher rückte, standen Jenny und Laura auf und stellten sich an die Boxenwand. Sie wollten Julia einen letzten Moment mit Pepper allein lassen.

Diese Geste hätte Julia sicher zu schätzen gewusst, wenn sie sie bemerkt hätte, doch sie konnte nichts anderes wahrnehmen als Pepper. Sie hob seinen Kopf ein letztes Mal auf ihren Schoß. Sie strich ihm die Schopfhaare aus den Augen und klopfte ihm den Hals, wie sie es immer getan hatte, wenn sie stolz auf ihn oder mit ihm zufrieden gewesen war oder ihm einfach nur ihre Zuneigung zeigen wollte. Jetzt, wo der letzte Augenblick gekommen war, wusste Julia nicht, was sie zu ihm sagen sollte, denn sie wollte unbedingt das Richtige sagen.

Aber auf einmal wurde ihr bewusst, dass es gar nicht mehr nötig war, viele Worte zu machen. Deshalb beugte sie sich nach vorn, legte ihre Arme ein letztes Mal um Peppers Hals und sprach direkt in eines seiner schneeweißen Ohren. „Ich liebe dich, Pepper“, flüsterte sie. „Danke für alles.“ Dann küsste sie ihn auf die Stirn und stand auf. Sie ging zur Boxentür und sah Judy, Red und Veronica an. „Wir sind so weit“, sagte sie, und ihre Stimme klang ruhig und gelassen.

Judy nickte und kam wieder in die Box. Sie hatte eine Spritze vorbereitet, während der Sattelclub Abschied genommen hatte.

„Dürfen wir ihn streicheln, während Sie – es tun?“, fragte Julia.

„Natürlich“, sagte Judy. „Das gefällt ihm bestimmt.“

Die drei knieten sich wieder hin. Laura hockte neben seinem Hals und Jenny an seinem Rücken. Julia saß bei Peppers Kopf, um für ihn da zu sein, bis er von seinen Leiden erlöst war.

Judy ging neben Jenny in die Hocke, klopfte Pepper liebevoll den Hals und gab ihm dann die Spritze. Es ging schnell. Innerhalb von Sekunden spürten die Mädchen, wie ein Schauer durch Peppers Körper lief. Er schloss die Augen, atmete ein letztes Mal aus und lag dann ganz still.

# 11

Nachdem alles vorüber war, gingen die drei Mädchen in den Umkleideraum, in dem jeder Reiter ein Fach für seine Sachen hatte. Veronica folgte ihnen in einigem Abstand. Zum ersten Mal in ihrem Leben schien sie nichts zu sagen zu haben. Judy war noch geblieben, um mit dem Abdecker einen Termin für die Abholung von Peppers Körper zu machen. Red hatte nach den anderen Pferden gesehen und mit der längst überfälligen Morgenfütterung begonnen.

Julia war vollkommen erschöpft. Es war ein langer Morgen gewesen, so lang, dass sie kaum glauben konnte, dass es erst neun Uhr war. Sie konnte auch noch nicht glauben, dass Pepper wirklich für immer fort war. Vor allem aber konnte sie kaum glauben, dass ihr Magen knurrte. Irgendwie kam es ihr nicht richtig vor, in einem Augenblick wie diesem ans Essen zu denken, doch ihrem Magen schien das egal zu sein.

„Bist du in Ordnung?“, fragte Jenny und legte ihr einen Arm um die Schultern.

Julia nickte und lächelte Jenny an. Auf den ersten

Blick wirkte Jenny wie jemand, der immer auf sein Vergnügen bedacht und vollkommen sorgenfrei war, doch jetzt bewies sie wieder einmal, dass mehr in ihr steckte. Sie war auch eine einfühlsame Freundin, die genau wusste, wie viel Pepper Julia bedeutet hatte. „Ja. Ich glaube schon", sagte Julia. Und das meinte sie ernst. Später, wenn ihr erst richtig bewusst wurde, was passiert war, würde sie sicher traurig sein und weinen. Doch sie wusste auch, dass sie getan hatte, was das Beste für Pepper war, und das war schließlich das Wichtigste.

Julia und Jenny setzten sich auf eine der Bänke im Umkleideraum. Für Julia war es fast unbegreiflich, dass sie erst am Vortag eine davon für ihre Aufführung benutzt hatten. Es kam ihr vor, als wäre das schon Jahre her.

Ihr fiel auf, dass Laura und Veronica am Eingang stehen geblieben waren. Laura machte ein trauriges und nachdenkliches Gesicht, und Julia vermutete, dass sie über Pepper redeten. Doch einen Augenblick später beobachtete Julia, wie Veronica sich vorbeugte, etwas zu Laura sagte und dabei aussah, als wäre es etwas Wichtiges. Julia konnte sich nicht vorstellen, was es sein konnte, zumal Laura angewidert das Gesicht verzog.

Plötzlich konnten sie und Jenny doch jedes von Lauras Worten verstehen. „Weißt du, Veronica, du warst in letzter Zeit so menschlich, dass ich fast vergessen hatte, wie selbstsüchtig du sein kannst. Aber jetzt hast du mich wieder daran erinnert!", fauchte Laura. Dann machte sie auf dem Absatz kehrt, ging auf Jenny und Julia zu und ließ die verdutzte Veronica einfach stehen.

„Was ist denn jetzt los?", fragte Jenny, als Laura sich zu ihnen auf die Bank setzte.

Doch bevor Laura antworten konnte, kam Veronica herbei und stemmte die Hände in die Hüften.

„Also, das war ja alles sehr interessant, aber ich muss jetzt gehen. Ich habe schließlich noch was anderes zu tun."

„Lass dich nicht aufhalten", knurrte Laura, die immer noch wütend aussah.

Veronica ging zur Tür, blieb dann aber noch einmal stehen und sah Julia an. „Das mit Pepper tut mir wirklich Leid", sagte sie leise und verschwand eilig.

Jenny hob die Brauen. „Ich kann es zwar kaum glauben, aber es war nett von ihr, dir das zu sagen." Dann sah sie Laura an. „Verrätst du uns jetzt auch, was sie offensichtlich weniger Nettes zu dir gesagt hat?"

„Das tue ich", sagte Laura, „sobald wir in der Eisdiele sind. Ich denke, wir können jetzt alle ein Sattelclubtreffen gebrauchen."

Julia starrte sie nur an. „Laura, ich bin ziemlich fertig wegen Pepper und ich habe letzte Nacht kaum geschlafen, aber sogar ich weiß, dass es noch nicht einmal neun Uhr ist. Sag mir nicht, dass dir jetzt der Sinn nach einem Eis steht!"

„Selbst wenn das so ist, hat sie Pech gehabt", kommentierte Jenny. „Die Eisdiele öffnet erst um elf. Das weiß ich zufällig, weil mir schon einmal der Sinn nach einem Eiskremfrühstück gestanden hat."

„Ups!", sagte Laura und errötete. „Da habe ich wohl nicht richtig nachgedacht. Aber vielleicht können wir irgendwo frühstücken. Ich sterbe vor Hunger."

Julia schlug deshalb vor: „Warum fahren wir nicht mit dem Bus in dieses Frühstückscafé am Stadtrand?"

„Gute Idee", sagte Laura erleichtert.

„Das finde ich auch, aber ich kann nicht mit", sagte Jenny niedergeschlagen. „Ich habe hier einen Job, wisst ihr das nicht mehr?"

Red war zufällig im richtigen Augenblick vorbeigekommen, um diese Bemerkung zu hören. „Habe ich richtig verstanden, Jenny? Du verzichtest auf das Frühstück mit deinen Freundinnen, um mit mir Boxen auszumisten? Ich bin ehrlich gerührt!", scherzte er. Doch dann wurde er wieder ernst. „Geh nur, Jenny. Es war ein harter Morgen, und es tut dir sicher gut, etwas Abstand zu gewinnen."

„Aber ich habe es Max versprochen, und du bist ohnehin schon spät dran …", begann Jenny.

Red ließ sie nicht ausreden. „Sei nicht albern. Geh schon!", drängte er. Dann hastete er aus dem Raum, bevor sie noch weiter protestieren konnte.

Laura allerdings war bereits überzeugt. „Du hast ihn gehört, Jenny. Du hast hier großartige Arbeit geleistet, aber jetzt kannst du dir eine Pause gönnen. Schließlich schuldet Red dir auch noch etwas dafür, dass du gestern alles ganz allein gemacht hast."

Jenny sagte nichts mehr. Sie steckte nur die Hände in die Taschen ihrer Jeans und machte ein verlegenes Gesicht.

Laura kannte ihre Freundin so gut, dass es ihr manchmal vorkam, als könnte sie ihre Gedanken lesen. Jetzt war wieder einer dieser Momente. „Keine Sorge, Jenny", sagte sie. „Ich kann dir das Geld für den Bus leihen. Und für ein paar Pfannkuchen wird es auch noch reichen."

„Oh, super!", rief Jenny erleichtert aus. „Was sitzen wir dann noch hier herum? Los, lasst uns aufbrechen!"

Kurze Zeit später saßen die drei an einem Tisch in dem gut besuchten Restaurant am Ortsrand von Willow Creek. Vor dem Verlassen des Stalls hatte Julia zu Hause angerufen und ihre Eltern gebeten, sie in anderthalb Stunden abzuholen. So lange würde es zwar nicht dauern, die Spezialität des Hauses, leckere Pfannkuchen, zu verspeisen, doch die Mädchen hatten noch viel miteinander zu bereden.

Der freundliche junge Kellner brachte jeder von ihnen eine Speisekarte und kam einen Moment später mit drei Gläsern Mineralwasser zurück. „Ich bin in ein paar Minuten wieder da, um eure Bestellung aufzunehmen", versprach er.

Jenny hob die Brauen, als sie zusah, wie der Kellner die Bestellungen anderer Gäste aufnahm. „Ich habe das unbestimmte Gefühl, dass wir unseren Kellner in nächster Zeit nicht mehr zu sehen bekommen werden", bemerkte sie.

„Na, Jenny", sagte Laura und schlug die Speisekarte auf. „Was hast du diese Woche über die wahre Bedeutung von Thanksgiving gelernt?"

„Eine ganze Menge", sagte Jenny. „So hoffte ich zum Beispiel, dass unsere Schulaufführung nicht noch langweiliger sein würde als im letzten Jahr, doch leider musste ich feststellen, dass genau das der Fall war!"

Ihre Freundinnen lachten. „Aber wenigstens war die zweite Aufführung, die du dieses Jahr gesehen hast, wesentlich interessanter", gab Julia zu bedenken und meinte damit natürlich das Stück, das sie den Pferden vorgespielt hatten. Anfangs hatte Julia Jennys Idee ziemlich albern gefunden, als es dann aber losgegangen war, hatte sie viel Spaß gehabt. Außerdem hatte es ihr die Gelegenheit gegeben, einmal über die Bedeutung dieses Feiertags nachzudenken, vor allem, als sie ihre improvisierte Rede gehalten hatte.

„Das stimmt. Und ich wette, dass unsere Zuschauer wesentlich wacher waren", fügte Laura hinzu. „Vielleicht solltest du vorschlagen, dass in deiner Schule im nächsten Jahr nach der Vorstellung auch Hafer und Äpfel verteilt werden."

Jenny grinste. „Das war ein Geniestreich, nicht wahr?", fragte sie. „Aber ich habe diese Woche auch noch etwas Wichtigeres gelernt."

„Dass es harte Arbeit ist, einen Stall voller Pferde ganz allein zu versorgen?", fragte Julia.

„Dass ein Papptruthahn nicht so gut schmeckt wie ein echter?", alberte Laura.

„Nein, noch etwas Besseres", erwiderte Jenny. „Ich habe gelernt, wie schwer es ist, vollkommen selbstlos zu sein. Ich vermute sogar, dass es unmöglich ist."

Laura runzelte die Stirn. „Aber ich dachte, es hätte dir Spaß gemacht, diese Woche in Pine Hollow auszuhelfen. Natürlich ist mir klar, dass es harte Arbeit war, aber …"

„Nein, nein", unterbrach Jenny sie. „Das meine ich nicht. Ich meinte, dass es schwer ist, selbstlos zu sein – die Großzügigkeit ist kein Problem. Ich meine …"

„Ich glaube, ich weiß, was du meinst", kam Julia ihr zur Hilfe. „Du hast gemerkt, dass man sich gut fühlt, wenn man großzügig ist, und dass man dabei vielleicht sogar noch etwas lernt. Und auch wenn du es anfangs als selbstlose Tat angesehen hast, erweist es sich doch als nicht nur selbstlos, weil auch du etwas dabei gewinnst."

Jenny erwiderte dankbar: „Genau das meinte ich." Dann sah sie Julia ernst an. „Wie fühlst du dich?", fragte sie.

Julia zuckte mit den Achseln. „Ich glaube, es geht mir ganz gut", sagte sie. „Ich muss natürlich immer an Pepper denken und fühle mich innerlich irgendwie leer, gleichzeitig bin ich auch erleichtert, weil ich weiß, dass er jetzt nicht mehr leiden muss. Also nehme ich an, dass ich traurig bin wegen mir selbst, aber auch froh für ihn. Das klingt ziemlich verrückt, nicht wahr?"

„Nein, gar nicht", sagte Laura. „Du hast das Richtige getan, als du Judy angerufen hast."

„Das sagt mir jeder", bemerkte Julia. „Aber trotzdem vermisse ich ihn jetzt schon ganz furchtbar. Ich kann es noch gar nicht fassen, dass er für immer fort ist."

„Ich auch nicht", sagten Laura und Jenny gleichzeitig. Einen Moment lang herrschte Schweigen. Dann sprach Laura. „Julia, ich glaube, dass du diejenige bist, die das Geheimnis der vollkommenen Selbstlosigkeit gelöst hast."

„Wie denn das?", fragte Julia.

„Wie denn das?", echote Jenny.

Laura fuhr fort. „Du hast etwas getan, das dir sehr schwer gefallen ist. Schließlich wirst du Pepper unheimlich vermissen, wahrscheinlich mehr als jeder andere. Es muss fast unmöglich für dich gewesen sein, die Entscheidung zu treffen, ihn einschläfern zu lassen."

Julia nickte und sah auf ihre Hände.

„Das ist aber nur deine Sicht der Dinge", fuhr Laura fort. „Aus Peppers Blickwinkel betrachtet, ging es ihm schlecht und er wurde schwächer und schwächer. Und das Wichtigste war, diesen Zustand zu beenden, bevor er unerträglich für ihn wurde, denn es war klar, dass er nicht wieder gesund werden würde. Das bedeutet, dass das, was du getan hast, das Beste für ihn war, auch wenn es für dich schrecklich ist."

Julia nickte wieder und sah zu Laura auf. „Du hast Recht. Deswegen habe ich es getan – musste ich es tun. Ich habe bloß bisher noch nicht daran gedacht, es als Selbstlosigkeit zu betrachten." Sie zuckte mit den Achseln. „Ich war so damit beschäftigt, mir Sorgen um Pepper zu machen und Jenny im Stall zu helfen, dass ich gar keine Zeit hatte, mir ein eigenes Thanksgiving-Projekt zu suchen. Aber es hat mich gefunden, nicht wahr?"

„Also, ich bin jedenfalls stolz auf dich. Ich weiß nicht, ob ich den Mut dazu gehabt hätte", gab Jenny ehrlich zu. Sie ergriff ihr Wasserglas und prostete Julia damit zu. „Auf dich."

„Hört, hört!", stimmte Laura ihr zu und hob ihr eigenes Glas.

„Danke", sagte Julia und lächelte ihre beiden besten Freundinnen an. „Und da wir gerade Toasts ausbringen, möchte auch ich einen vorschlagen."

„Nur heraus damit", ermutigte Jenny sie.

Julia hob ihr Glas. „Auf Pepper. Die Erinnerung an ihn soll nie verblassen und uns immer dazu anspornen, die besten Reiterinnen zu sein, die wir sein können."

Julia war froh über ihren Trinkspruch, doch hatte er sie auch den Tränen gefährlich nahe gebracht. Sie beschloss, das Thema zu wechseln. „Ach, Laura“, sagte sie und stellte ihr Glas ab. „Ich habe in letzter Zeit so viel um die Ohren gehabt, dass ich ganz vergessen habe, dich zu fragen, wie es mit Veronica gelaufen ist.“

„Ja, da wir gerade von Selbstlosigkeit sprechen“, fügte Jenny hinzu. „Wie lebt es sich mit der selbst ernannten Königin von Willow Creek? Hat sie ein paar von ihren Dienstboten mitgebracht?“

„Oder sich beschwert, weil ihre Bettwäsche nicht aus reiner Seide war?“, scherzte Julia.

„Oder sich zum Naseputzen ein paar Zwanzig-Dollar-Scheine von deinem Vater geliehen?“, fügte Jenny hinzu.

„Das reicht!“, rief Laura lachend aus. „Die Antwort auf all eure Fragen ist nein. Veronica war beinahe der perfekte Gast. Sie und mein Dad haben sich großartig verstanden. Es hat sich herausgestellt, dass sie beide ganz verrückt nach Reisen sind und dass sie außerdem noch Schach spielt. Sie hat ihn sogar matt gesetzt.“

Jenny hob eine Braue. „Das hört sich ja fast an, als hätte es dir Spaß gemacht, sie zu Gast zu haben.“

Laura zuckte mit den Achseln. „Ach, ich wäre natürlich lieber mit meinem Dad allein gewesen, aber es war wirklich nicht so schlimm, wie ich befürchtet hatte, und außerdem fand ich es ganz schön festzustellen, dass sogar jemand wie Veronica eine nette Seite hat. Im Grunde war ich froh, dass ich sie eingeladen habe.

„Ja, mir ist auch aufgefallen, dass sie in letzter Zeit ungewöhnlich freundlich war", bemerkte Julia.

„Das habe ich auch gemerkt", sagte Jenny. „Ich wollte es zwar nicht glauben, aber ich konnte es nicht übersehen. Was mag bloß in sie gefahren sein?"

„Das weiß ich auch nicht", sagte Laura. „Nur leider ist, was immer es auch war, inzwischen wieder *aus* ihr herausgefahren. Ihr werdet nicht glauben, was sie im Stall kurz nach Peppers Tod zu mir gesagt hat."

„Was denn?", fragte Jenny neugierig.

Laura schüttelte angewidert den Kopf. „Sie hat gesagt, dass sie Max fragen will, ob Garnet in Peppers Box umziehen darf."

„Warum denn?", fragte Julia verständnislos.

„Das ist doch klar", erwiderte Laura. „Peppers Box ist nicht nur größer als Garnets, sie liegt auch näher an der Sattelkammer. Und wenn sie Garnet selbst sattelt, was natürlich selten vorkommt ..."

„Sag lieber *extrem* selten", unterbrach Jenny sie.

„Also gut. Wenn sie Garnet also *extrem* selten selbst sattelt, braucht sie den Sattel nicht so weit zu tragen."

Zunächst waren alle drei empört über Veronicas Vorschlag. Dann wurde Julia klar, wie lächerlich das alles war, und sie begann zu kichern. Dabei spürte sie, wie ein Teil ihrer inneren Anspannung wich. Natürlich war sie immer noch unendlich traurig, und das würde sicher auch noch eine lange Zeit so bleiben, doch nicht einmal diese Traurigkeit konnte etwas gegen das Gelächter ausrichten, das mit Macht aus ihr herausdrängte.

Zuerst sahen Jenny und Laura sie überrascht an, dann fingen auch sie an zu kichern. „Puh", sagte Laura atemlos, als sie sich wieder beruhigt hatten. „Das hat gut getan."

Zu ihrer eigenen Überraschung stimmte ihr Julia zu. „Aber irgendwie finde ich es traurig, dass Veronica immer nur an sich denkt. Nicht einmal Peppers Tod konnte das verhindern."

„Ja, ich weiß", murmelte Laura. „Sie tut mir fast ein wenig Leid. Ich glaube, dass sie ziemlich einsam ist. Sie würde gern dazugehören, aber sie hat nie gelernt, wie man das macht, und mittlerweile ist sie so widerwärtig, dass ihr keiner mehr helfen will."

„Einsam?", fragte Jenny. „Nun hör aber auf. Sie hatte doch immer genügend Geld, das ihr Gesellschaft leisten konnte. Und sie sorgt auch dafür, dass wir das nie vergessen."

Laura zuckte mit den Achseln. „Trotzdem lebe ich tausendmal lieber mein Leben als ihres. Das ist mir in den letzten Tagen klar geworden. Veronica schwimmt zwar im Geld, unternimmt Weltreisen und hat eine eigene Araberstute, aber ich würde meine Freunde und meine Familie niemals dagegen eintauschen wollen." Sie schwieg einen Moment, um noch einmal zu überdenken, was sie gerade gesagt hatte. „Mit einer Einschränkung", fügte sie dann hinzu. „Ich hätte nichts dagegen, wenn Garnet mir gehören würde."

Julia und Jenny lachten. „Pass nur auf, dass Silberstern das nicht hört", stichelte Jenny. „Dann wird er eifersüchtig."

„Silberstern kommt bei mir immer an erster Stelle, das weißt du genau", verteidigte Laura sich schnell – und lachte. „Steht denn irgendwo geschrieben, dass man nur *ein* Pferd haben darf?"

„Bei dem Thema Eifersucht muss ich an eine gewisse Romanze denken …", begann Julia, der gerade bewusst geworden war, dass es noch etwas gab, an das sie in den letzten Stunden kaum gedacht hatte. Ihre Freundinnen waren sofort bei der Sache.

„Beziehst du dich damit zufällig auf unseren Märchenprinzen Max Regnery?", fragte Jenny.

Julia nickte. „Ich frage mich, wie sein Wochenende mit der geheimnisvollen Unbekannten wohl läuft?"

„Ich hoffe, dass alles gut geht", sagte Laura.

„Ich hoffe, dass wir sie zu sehen bekommen", fügte Julia hinzu.

„Das hoffe ich auch alles", sagte Jenny. „Aber im Moment hoffe ich viel mehr, dass der Kellner bald wieder kommt. Ich sterbe vor Hunger!"

Als hätte er sie gehört, tauchte er an ihrem Tisch auf. „Tut mir Leid, dass ihr warten musstet", sagte er atemlos. „Was kann ich euch bringen?"

Jenny fiel auf, dass der Kellner noch ziemlich jung war, wahrscheinlich ein Student, und dass er sehr nett aussah. Er erinnerte sie ein bisschen an ihren Freund Phil, und deshalb bekam sie beinahe ein schlechtes Gewissen. Aber nur beinahe.

Julia bestellte bereits. „Ich nehme die Bananenpfannkuchen mit Ahornsirup", sagte sie.

„Und du?", fragte der Kellner Laura.

„Für mich bitte Toast mit Butter und Marmelade", sagte sie. „Und ein Glas Orangensaft."

Der Kellner sah Jenny an. „Und was möchtest du?", fragte er und hielt seinen Stift erwartungsvoll über den Bestellblock.

Jenny grinste teuflisch. „Also, ich bin ziemlich hungrig ...", begann sie.

„Jetzt geht *das* wieder los", flüsterte Laura Julia zu. Jenny war berüchtigt für die unmöglichen Zusammenstellungen, die sie immer in der Eisdiele bestellte, und Julia und Laura hatten eine Ahnung, was jetzt passieren würde.

Und sie hatten Recht. „... und deshalb nehme ich das halbe Dutzend Pfannkuchen nach Art des Hauses", fuhr Jenny freundlich fort.

„Kommt sofort", sagte der Kellner.

„Moment, ich bin noch nicht fertig", sagte Jenny, als der junge Mann sich zum Gehen wandte. „Ich möchte einige Extras zu meinen Pfannkuchen."

„Kein Problem", sagte er. „Was darf es denn sein?"

„Als Erstes", sagte Jenny energisch, „möchte ich zwei von den Pfannkuchen mit Blaubeeren, zwei mit Buchweizen und zwei mit Rosinen. Und auf alle sechs hätte ich gern etwas Honig, Preiselbeergelee, Pfirsichkompott und einen Hauch Minzsoße. Ach, haben Sie auch Schokoladensoße?"

Der Kellner nickte wortlos.

„Gut. Dann bitte noch eine doppelte Portion davon. Und natürlich Ahornsirup und ein paar von den frischen Erdbeeren."

„Natürlich", würgte der junge Mann hervor und schrieb alles auf. „Ist das dann alles?"

„Hmm, mal sehen", murmelte Jenny. „Haben Sie zufällig auch Maraschinokirschen?"

„Da muss ich in der Küche nachfragen", sagte der Kellner und stürzte davon, bevor Jenny noch etwas sagen konnte.

„Das war aber nicht sehr nett von dir, Jenny", sagte Julia und bemühte sich, nicht zu grinsen. „Wo ist denn deine selbstlose Einstellung geblieben?"

Jenny grinste nur. „Und meine Brüder behaupten immer, Männer hätten einen stärkeren Magen als Frauen", bemerkte sie. „Ich denke, ich habe ihnen gerade wieder einmal das Gegenteil bewiesen. Ist das nicht toll?"

Dem konnten Julia und Laura nur zustimmen.

# 12

Am nächsten Tag kamen – sehr zu Lauras Erleichterung – die diAngelos von den Bahamas zurück, und Veronica konnte zurück nach Hause. Auch wenn sie nach dem Theater um Peppers Box erneut sehr nett gewesen war, war Laura doch froh, wieder ihr gewohntes Leben führen zu können.

Als sie das ihrem Vater nach Veronicas Auszug gestand, nahm er sie in den Arm und sagte ihr, wie stolz er auf sie war, weil sie Veronica eingeladen hatte. Er hatte natürlich sofort gemerkt, dass Veronica kein glückliches Familienleben hatte, und er äußerte die Hoffnung, dass das Zusammensein mit ihnen ihr ein wenig geholfen hatte.

Laura war auch froh, dass sie Veronica an diesem Tag nicht in den Stall mitnehmen musste. Max und Mrs Reg wurden gegen drei Uhr nachmittags zurückerwartet, und Jenny, Julia und Laura hatten verabredet, sich kurz vorher im Stall zu treffen, damit sie die beiden begrüßen konnten.

Laura war schon eine halbe Stunde früher als verabredet im Stall, denn sie wollte Silberstern noch putzen. Sie hatte in den letzten Tagen so viel mit Veronica und Thanksgiving und allem zu tun gehabt, dass sie nicht so viel Zeit mit ihrem Pferd verbracht hatte wie gewöhnlich. Als sie seine Box betrat, schien es, als hätte Silberstern sie vermisst, denn er begann sofort, sie mit der Nase zu stupsen – was natürlich auch an den Möhren in ihrer Tasche liegen konnte.

Laura hatte sich in Gedanken so sehr damit beschäftigt, wie es Julia ging, dass ihr Peppers Tod erst an diesem Nachmittag, als sie in den Stall gekommen war und seine leere Box gesehen hatte, wirklich bewusst geworden war. Es war nicht ihre erste Konfrontation mit dem Tod. Der Krebstod ihrer Mutter war das schlimmste Erlebnis in ihrem ganzen Leben gewesen.

Als sie nun Peppers leere Box gesehen hatte, hatte die Gewissheit, dass sein vertrautes weißes Gesicht nie wieder über die Tür ragen und sie ansehen würde, ihr Herz getroffen wie ein Faustschlag. Um sich zu trösten, konnte sie nur eines tun: Sie würde sich um ihr eigenes Pferd kümmern und dafür sorgen, dass es so zufrieden und glücklich war, wie es nur ging.

Als Laura anfing, Staub und Strohreste von Silbersterns rotbraunem Fell zu bürsten, musste sie wieder an Julia denken und daran, wie sehr sie beide sich unterschieden. Obwohl Laura genau wusste, wie tief Peppers Tod Julia getroffen hatte, schien diese doch erstaunlich gut damit fertig zu werden. Sie hatte bei ihrem gemeinsamen Frühstück sogar gelacht und auf ihre gewohnt logische Art begonnen, ihre Gefühle zu analysieren.

Als Jenny und Julia kurz vor drei eintrafen, war Laura gerade mit dem Putzen fertig. „Was meinst du", sagte Julia, „wollen wir draußen auf sie warten?"

„Einverstanden", sagte Laura. Sie klopfte Silberstern noch einmal den Hals, nahm ihren Putzeimer und verließ die Box. Sie vermutete, dass Julia der Gedanke, Max zu erzählen, was mit Pepper passiert war, ein wenig nervös machte. „Ich bin gerade fertig."

Die drei ließen sich im Umkleideraum nieder, denn von dort konnte man gut hören, wenn ein Auto auf den Hof fuhr. Sie brauchten nicht lange zu warten, bis Motorengeräusch ertönte. Sie rannten nach draußen, und es war tatsächlich der Wagen von Max, an den der kleinere von Pine Hollows zwei Pferdeanhängern angekuppelt war.

Max und Mrs Reg waren noch nicht einmal ausgestiegen, als Jenny auch schon anfing, ohne Punkt und Komma auf sie einzureden. Sie wollte ihnen unbedingt erzählen, was sie in ihrem Job als Aushilfspflegerin alles getan hatte.

„Freut mich auch, dich wieder zu sehen, Jenny", unterbrach Max sie lachend.

Julia holte tief Luft und machte einen Schritt nach vorn. Jenny unterbrach sich mitten im Satz, denn ihr war gerade noch rechtzeitig eingefallen, dass Julia selbst von Pepper berichten wollte.

„Hallo, Julia“, begrüßte Max sie.

„Hallo, Max, Mrs Reg“, antwortete Julia automatisch. „Ich muss dir etwas sagen, Max. Wegen ... Pepper.“

Mrs Reg trat vor und legte Julia eine Hand auf den Arm. „Wir wissen es schon, Julia. Judy hat uns angerufen.“

„Das weiß ich“, sagte Julia. „Ich wollte nur sagen ...“ Sie verstummte als ihr bewusst wurde, dass sie keine Ahnung hatte, was sie eigentlich sagen wollte.

„Du brauchst nichts zu sagen“, meinte Max. „Aber ich möchte mich bei dir bedanken.“

„Was?“ Julia verstand nichts mehr. „Warum?“

„Was du getan hast, war sehr tapfer und klug“, sagte Max. „Aber vor allem war es sehr lieb von dir. Du hast gemerkt, dass Pepper leidet, und du hast die Verantwortung dafür übernommen, dieses Leiden zu beenden. Ich bin nur froh, dass du stark genug warst, diese Entscheidung zu treffen.“

Julia wusste immer noch nicht, was sie sagen sollte. Doch zum Glück ersparte Max ihr eine Antwort, indem er sich Jenny und Laura zuwandte. „Und ich vermute, ihr beide habt euch ebenfalls ein großes Dankeschön verdient“, sagte er. „Da ihr drei immer füreinander da seid, nehme ich an, dass ihr Julia in dieser schweren Zeit unterstützt habt.“

„Das haben sie“, sagte Julia und lächelte ihre Freundinnen dankbar an.

„Klar“, sagte Jenny. Julia und Laura bemerkten das verschmitzte Funkeln in ihren Augen, als sie Max ansah. „Aber warum erzählst du uns nicht, wie dein Wochenende verlaufen ist?“

„Ach, das tue ich schon noch“, sagte Max beiläufig. „Aber erst möchte ich mehr davon hören, wie hier alles gelaufen ist, während ich fort war.“

„Ach, da gibt es nicht viel zu berichten …“, murmelte Jenny ausweichend.

Doch Mrs Reg unterbrach sie. „Was macht Samson?“, fragte sie. „Hattet ihr Zeit, mit ihm zu arbeiten, während wir weg waren? Ihr wisst ja, wie wichtig es ist, die Dinge, die er schon gelernt hat, mit ihm zu üben.“

„Ja, ich weiß“, sagte Jenny. „Ich glaube, Red hat einmal mit ihm gearbeitet, und ich habe ihn gestern ein paar Minuten in der Halle longiert.“

„Wo ist Red eigentlich?“, fragte Max und sah sich suchend um. „Ich werde gleich seine Hilfe brauchen.“

„Ich glaube, er ist zum Essen gegangen“, sagte Laura. „Und die anderen Pferdepfleger sind auch noch nicht zurück, und Red hat extra gewartet, bis wir da waren.“

„Hmmm“, sagte Max und strich sich übers Kinn. „Ich schätze, dann müsst ihr mir eben helfen.“

„Wobei denn?“, fragte Jenny, deren Neugier sofort geweckt war.

„In einer Minute", sagte Max. „Erzählt mir erst, wie es Barq geht. Heilt der Kratzer auf seiner Flanke gut ab?"

„Man kann ihn kaum noch sehen", sagte Jenny ungeduldig. „Aber, Max ..."

„Und was ist mit Harry?", schaltete sich Mrs Reg ein. „Vor unserer Abreise hat er ein paar Mal gehustet ..."

„Alles wieder gut", sagte Jenny. „Judy hat ihn untersucht und gesagt, dass ihm nichts fehlt."

„Gut", sagte Max. „Ich hoffe, ihr und Red habt jedes der Pferde am Wochenende mindestens einmal bewegt. Ihr wisst ja, wie übermütig Garnet wird, wenn sie zu lange steht. Von Geronimo ganz zu schweigen – ich nehme doch an, dass ihr ihn gelegentlich zum Austoben in seinen Paddock gebracht habt? Und Diablo vergisst auch gern seine Erziehung, wenn er ein paar Tage keinen Sattel mehr auf dem Rücken hatte ..."

„Keine Sorge", beruhigte Jenny ihn mit zusammengebissenen Zähnen. „Red hat die meisten Pferde mindestens einmal bewegt, und wir haben die anderen nachmittags in die Paddocks gestellt, wenn es nicht zu kalt war."

Julia und Laura konnten sich angesichts von Jennys Verzweiflung nur mühsam das Lachen verkneifen, obwohl sie selbst genauso neugierig auf den Verlauf von Max' Wochenende waren. Nach ein paar weiteren Fragen schien er endlich davon überzeugt zu sein, dass während seiner Abwesenheit alles seinen gewohnten Gang gegangen war.

„Prima Arbeit, Jenny", sagte er schließlich. „Mir scheint, ich habe alles in guten Händen zurückgelassen. Vielleicht sollte ich in Zukunft öfter in Urlaub fahren."

„Bloß nicht", stöhnte Jenny. „Mir reicht es fürs Erste. Ich habe schon Blasen auf meinen Blasen. Und darüber sind noch mehr Blasen!"

Max lachte. „Nun, ich glaube, dass du und deine Blasen mir verzeihen werden, wenn ihr seht, wen ich mitgebracht habe", sagte er geheimnisvoll.

„Wer ist es?", fragten Jenny, Julia und Laura wie aus einem Mund.

Max und Mrs Reg tauschten einen Blick. „Sollen wir sie jetzt miteinander bekannt machen?", fragte Max seine Mutter.

Mrs Reg nickte. „Jetzt ist der richtige Zeitpunkt", sagte sie. „Ich hoffe nur, sie vertragen sich."

„Was? Wer?", fragte Jenny aufgeregt und sah von einem zum anderen. „Wo ist sie?"

Julia warf einen Blick ins Auto. So weit sie sehen konnte, saß niemand mehr drin. Max hatte zweifellos von seiner Freundin gesprochen, aber wo war sie?

„Hast du deine Freundin mitgebracht?", fragte Laura, ohne darüber nachzudenken. Doch sie hatte die Worte kaum ausgesprochen, als sie auch schon knallrot wurde. „Ich ... äh, ich meine ...", stammelte sie.

Max sah sie verwirrt an. „Wovon redest du?"

Laura zuckte nur mit den Achseln, denn sie brachte kein weiteres Wort heraus.

Jenny, die eigentlich nie um Worte verlegen war, beschloss, es auf dem direkten Weg zu versuchen. „Aber war das nicht der Sinn deiner Reise?", fragte sie. „Du hast doch deine Freundin besucht, nicht wahr?" Sie lächelte triumphierend, stolz, dass der Sattelclub sein Geheimnis gelüftet hatte.

Doch sehr zu ihrer Überraschung brach Max in Gelächter aus. „Wie kommt ihr denn darauf?", prustete er. Und auch Mrs Reg lachte.

„Äh", sagte Laura, „wir dachten, dass du nur deswegen verreist warst." Sie warf einen kurzen Blick auf ihre Freundinnen, die so verlegen aussahen, wie sie sich fühlte. Und da Laura sich für die ganze Situation, die sich unversehens zu einem gigantischen Missverständnis entwickelt hatte, verantwortlich fühlte, versuchte sie, alles zu erklären. „Ich habe zufällig gehört, wie du am Telefon von einem wundervollen Wesen namens Lillian gesprochen hast, und deshalb haben wir natürlich angenommen, dass du zu deiner Freundin fährst, um mit ihr ein romantisches Wochenende zu verbringen."

„Und warum sollte ich ihn auf dieses romantische Wochenende begleiten?", fragte Mrs Reg schmunzelnd. „Schließlich ist Max nicht mehr in dem Alter, in dem man eine Anstandsdame braucht."

„Ich schätze, darüber haben wir nicht nachgedacht", murmelte Jenny.

„Und außerdem", fuhr Max fort, „wenn ihr wirklich geglaubt habt, ich würde eine Freundin mitbringen, wo steckt sie dann? Vielleicht im Pferdeanhänger?"

„Was hast du denn eigentlich im Anhänger?", fragte Julia neugierig.

„Also, Mädchen, ich möchte euch jetzt keinen Vortrag über das Belauschen fremder Telefongespräche halten", sagte Max, ohne auf Julias Frage einzugehen. „Zumindest *diesmal* nicht", fügte er schnell hinzu.

„Und wen möchtest du uns nun vorstellen?", fragte Jenny.

„Nun, in gewisser Weise hattet ihr Recht, als ihr angenommen habt, dass ich das Wochenende mit einem ganz besonderen weiblichen Wesen verbracht habe", begann er. Dann ging er auf den Anhänger zu, und die Mädchen folgten ihm gespannt.

„Oh, Max!", rief Laura aus, der endlich ein Licht aufgegangen war. „Hast du ein neues Pferd gekauft?"

Max lächelte, und Laura wusste, dass sie ins Schwarze getroffen hatte.

„Oh, Max, das ist ja toll!", jubelte Jenny. „Ist es im Anhänger?"

Max nickte. „Ihr wisst ja, dass ich schon lange nach einer passenden Stute für Geronimo gesucht habe. Und jetzt habe ich sie gefunden."

Inzwischen hatten sie das hintere Ende des Anhängers erreicht, und Max ließ vorsichtig die Rampe herunter. Die Mädchen spähten hinein und entdeckten ein dunkles Pferd, das in einem der beiden Abteile festgebunden war.

„Sie ist wunderschön", hauchte Laura. „Dürfen wir sie ausladen, damit wir sie besser sehen können?"

„Dachtest du, ich würde sie den ganzen Tag da drin lassen?", fragte Max in dem vergeblichen Bemühen, streng zu klingen. Laura spürte, dass er mindestens genauso aufgeregt war wie sie. „Laura, du hast die Ehre. Aber sei vorsichtig. Sie hat eine lange Fahrt hinter sich."

Laura nickte. Sie wusste, dass sich auf langen Fahrten selbst die bravsten Pferde manchmal sehr aufregten. Sie wusste jedoch auch, dass Max sie nicht an dieses Pferd heranlassen würde, wenn er nicht ziemlich sicher war, dass es sich ruhig verhielt. Er hatte sie nur zur Vorsicht ermahnt, weil man im Umgang mit Pferden immer vorsichtig sein musste.

Sie betrat den Anhänger und sprach dabei beruhigend auf die neue Stute ein. Die kleinen, wohl geformten Ohren der Stute zuckten zurück, und sie wendete den Kopf, so weit es der Anbindestrick zuließ. Laura erkannte, dass die Stute den typisch edlen Kopf und den langen, schlanken Hals eines Vollblüters besaß. „Du bist wunderschön", flüsterte sie und streckte langsam die Hand aus, um den Strick zu lösen. „Und jetzt komm mit mir nach draußen, damit du dir dein neues Heim ansehen kannst. Es wird dir hier gefallen."

Einen Augenblick später hatte Laura die Stute ausgeladen. Beide blinzelten im hellen Licht der Novembersonne. Laura übergab die Führleine an Max und trat ein paar Schritte zurück, um sich das Pferd genauer anzusehen.

„Ein tolles Tier", rief Jenny aus und fasste damit Lauras ersten Eindruck in Worte.

Die Stute war wirklich eine Schönheit. Sie war sehr groß, hatte einen schlanken, wohl geformten Hals und ein kluges Gesicht. An den Stellen, die nicht von der Transportdecke verhüllt waren, glänzte ihr fuchsfarbenes Fell im Sonnenlicht. Sie hatte vier weiße Fesseln und einen schmalen weißen Streifen auf der Stirn, der geformt war wie ein Fragezeichen. „Wie heißt sie?", fragte Laura, ohne den Blick von der Stute abzuwenden.

„Eingetragen ist sie unter dem Namen Al's Calypso Lady", sagte Max und streichelte die samtweiche Nase des Pferdes. „Sie war ein Rennpferd. Aber da wir bereits eine Lady im Stall haben, denke ich, dass wir sie einfach Calypso nennen sollten."

„Calypso", wiederholte Laura, als wollte sie den Namen ausprobieren. Er passte zu diesem Pferd. Als Laura Judy Barker bei ihren Runden begleitet hatte, waren sie auch oft auf der Rennbahn gewesen, und dort hatte Laura einiges über den Rennsport gelernt. Zu den Dingen, die sie gelernt hatte, gehörte, dass Rennpferde, die alle kurz nach ihrer Geburt beim Jockey-Club registriert werden, manchmal ausnehmend komische Namen hatten. Das lag an den Statuten des Jockey-Clubs. Sie schrieben zum Beispiel vor, dass der Name eines Rennpferdes aus nicht mehr als achtzehn Buchstaben bestehen durfte. Namen von anderen, noch lebenden Rennpferden oder solchen, die weniger als fünfzehn Jahre tot waren, durften nicht verwendet werden, und auch nicht die der großen Stars wie Man O'War oder Eclipse, wobei es keine Rolle spielte, wann diese Pferde gelebt hatten.

„Calypso passt perfekt zu ihr", stellte Jenny fest. Sie trat auf die Stute zu, um sie zu streicheln und sich mit ihr anzufreunden. Calypso richtete ihre ausdrucksvollen Augen auf Jenny, und es schien fast, als würde sie lächeln. Ihre Ohren zuckten aufmerksam nach vorn.

„Sie ist einfach umwerfend", sagte Julia. „Ich glaube, ich habe noch nie ein schöneres Pferd gesehen!"

Laura lachte. „Du kannst doch keinem Vollblüter widerstehen", neckte sie ihre Freundin.

Julia lachte ebenfalls, vor allem, weil Laura Recht hatte. Neben Pepper war die braune Vollblutstute Dakota Lady ihr Lieblingspferd. Wie Calypso war auch Lady Rennen gelaufen, doch eine Verletzung im Huf hatte ihre Rennkarriere beendet und es Max und Judy Barker ermöglicht, sie günstig zu kaufen.

„Aber Julia hat Recht“, bemerkte Jenny. „Calypso ist wunderschön, und sie sieht jung und schnell aus. Und so weit ich sehe, scheint sie nicht verletzt zu sein. Wieso ist sie dann aus dem Sport genommen worden?“

„Ich vermute, damit willst du mich taktvoll fragen, wie ich mir ein so großartiges Pferd leisten konnte“, sagte Max grinsend.

„Ja, eigentlich schon“, gab Jenny offen zu.

Zum Glück war Max nicht beleidigt. „Ihr habt Recht, sie ist ein hervorragendes Pferd mit einer makellosen Abstammung. Ich hätte sie nie im Leben kaufen können, wenn es in ihrem letzten Rennen nicht zu einem glücklichen Zwischenfall gekommen wäre.“

„Wie meinst du das?“, fragte Julia. „Ist sie gestürzt, so wie Lady?“

„Nein, nein, nichts dergleichen“, beruhigte Max die Mädchen schnell. „Nein, keine Sorge, Calypso hat keine angeborene Schwäche – ganz im Gegenteil. Und sie ist auch nicht verletzt worden – zumindest nicht körperlich.“

„Wie denn?“, fragte Jenny. Allmählich ging es ihr auf die Nerven, wie umständlich und geheimnisvoll Max sich heute ausdrückte. „Was stimmt nicht mit ihr?“

„Es ist Folgendes passiert“, begann Max. „Calypso führt einige der besten Blutlinien, die ein Rennpferd haben kann. Ihr erstes Rennen war ein Maidenrennen, was bedeutet, dass keines der teilnehmenden Pferde schon einmal gesiegt hat. Sie hat mit Leichtigkeit gewonnen, obwohl es ein gemischtes Feld war."

Die Mädchen wussten, dass ein gemischtes Feld aus Stuten und aus Hengsten bestand, und auch, dass Hengste gewöhnlich schneller waren als Stuten. Das machte Calypsos ersten Sieg noch eindrucksvoller.

„Und was ist dann passiert?", fragte Laura.

„Dann kam ihr zweites Rennen", sagte Max. „Ihre Besitzer waren so begeistert von ihrer Leistung, dass sie beschlossen, sie erneut gegen Hengste antreten zu lassen. Der Jockey hatte ihnen erzählt, dass sie sich beim ersten Mal nicht einmal angestrengt hatte. Er war überzeugt davon, dass es nichts gab, das diese Stute nicht konnte, und die Besitzer waren derselben Meinung."

Das konnten die Mädchen gut verstehen, wenn sie sich das wundervolle Pferd ansahen. „Hat sie ihr zweites Rennen auch gewonnen?", fragte Julia erwartungsvoll.

„Nein, leider nicht", sagte Max. „Sie war am Renntag in Topform aber es lief vom Start weg nicht gut für sie. Zuerst saß sie hinter ein paar anderen Pferden fest. Sie konnte einfach keine Lücke zwischen ihnen finden, und das hat sie frustriert. Ich nehme an, dass sie an die Spitze des Feldes wollte, denn sie hatte schon gelernt, dass dort ihr Platz war. Doch das war noch nicht das Schlimmste. Ungefähr auf halber Strecke ist das Pferd vor ihr gestürzt und hat noch ein paar weitere mitgerissen."

„Oh nein", schnaufte Laura.

„Ja“, sagte Max grimmig. „Nach allem, was ich gehört habe, war es ein ziemlich schlimmer Massensturz. Zum Glück ist es Calypso gelungen, über die verletzten Pferde hinwegzuspringen. Aber sie muss während und nach dem Unfall ziemlich herumgestoßen worden sein, und das hat ihr solche Angst gemacht, dass sie über den Zaun auf die Innenbahn gesprungen ist. Ihr Jockey hatte alle Mühe, sie unter Kontrolle zu halten. Danach hat sich Calypso geweigert, auf der Bahn zu bleiben, wenn mehr als ein oder zwei andere Pferde dabei waren. Und damit war Calypso als Rennpferd wertlos.“

„Das ist ja schrecklich“, stellte Laura fest. „Die arme Calypso. Sie muss furchtbare Angst gehabt haben.“ Sie klopfte dem Pferd mitfühlend den Hals. „Aber wenn ihre Abstammung so gut ist, wie du sagst, hätte man sie doch als Zuchtstute verwenden können.“

„Natürlich, aber du darfst nicht vergessen, dass sie praktisch noch keine Rennleistung gezeigt hat. Ihre Zeit in diesem Rennen war zwar nicht schlecht, aber auch nicht gerade Aufsehen erregend gewesen. Ihr Jockey war zwar überzeugt, dass sie viel mehr leisten könnte, aber wenn es um das große Geld geht, hören die Leute nun einmal nicht auf die Meinung eines Jockeys.“

Das hatte Laura auch schon erlebt. Sie hatte mit Staunen festgestellt, was für ein Milliardengeschäft der Vollblutrennsport war. „Aber“, begann sie vorsichtig, „hätten die Besitzer es nicht zumindest versuchen können?“

Plötzlich fing Mrs Reg an zu lachen. „Mädchen, Max hat euch nicht die ganze Geschichte erzählt", sagte sie, und ihre Augen funkelten.

„Wie meinen Sie das?", fragte Jenny, die sofort spürte, dass jetzt etwas Interessantes kommen musste. Und dieses Gefühl verstärkte sich noch, als ihr auffiel, wie verlegen Max auf einmal aussah.

Doch bevor er protestieren konnte, erklärte Mrs Reg: „Ihr müsst wissen, dass einer dieser Besitzer, von denen Max dauernd spricht, eine Frau ist, die mit ihm zur Schule gegangen ist. Ihr Name ist Lillian Shepardson. Und man könnte sagen, dass sie und Max eine Zeit lang unzertrennlich waren."

„Eine alte Liebe?", rief Jenny aus. „Wie romantisch!"

„Also haben wir in gewisser Weise doch Recht gehabt", stellte Laura fest. „Max hat seine alte Flamme besucht, in der Hoffnung, das Feuer der Leidenschaft neu zu entfachen ..."

„Wohl kaum", bemerkte Mrs Reg trocken. „Diese alte Flamme ist schon seit Jahren mit einem anderen verheiratet und hat fünf Kinder. Aber sie kennt Max gut genug, um zu wissen, dass er gut für Calypso sorgen wird. Und als klar wurde, dass sie für Calypso nicht annähernd so viel bekommen würden, wie sie gehofft hatten, hat sie die Mitbesitzer überredet, den Preis noch weiter zu senken, um sie damit für uns erschwinglich zu machen – unter der Bedingung, dass sie einmal von einem ihrer Hengste gedeckt wird und sie das Fohlen behalten dürfen." Sie lächelte. „Und sie haben uns ein großzügiges Angebot gemacht. Ein *sehr* großzügiges." Sie blinzelte den Mädchen zu, und ihnen wurde klar, dass sie Max ärgern wollte, indem sie es so darstellte, als hätte Lillian Shepardson den Preis nur gesenkt, weil sie Max immer noch liebte.

„Kommt schon, Mädchen", sagte Max plötzlich und führte Calypso in Richtung Stall. „Wir können dieses edle Pferd schließlich nicht den ganzen Tag in der Kälte stehen lassen. Und da Red noch nicht wieder da ist, müsst ihr mir helfen, sie in ihre neue Box zu bringen."

Die drei tauschten einen verstohlenen Blick. Sie hatten natürlich gemerkt, wie verlegen Max war, und auch, dass er beschlossen hatte, nicht darauf einzugehen und stattdessen so zu tun, als hätte seine Mutter diese peinliche Geschichte nie erzählt. Die Mädchen grinsten. Natürlich waren sie alle – sogar Jenny – klug genug, um zu wissen, dass sie dieses Thema nie wieder erwähnen durften, aber es war trotzdem lustig, etwas so Privates über Max zu wissen.

„Calypso ist einfach toll. Ich wette, Geronimo wird sich *unsterblich* in sie verlieben", sagte Jenny. Als Max sie wütend anfunkelte, setzte sie schnell eine unschuldige Miene auf.

# 13

Im Stall verabschiedete sich Mrs Reg von den Mädchen und verschwand in ihrem Büro neben der Sattelkammer. Max führte Calypso durch die u-förmige Stallgasse. Der Sattelclub war ihm dicht auf den Fersen. „Welche Box soll sie bekommen?", fragte Laura.

„Eigentlich hatte ich vor, sie in die leere Box neben Comanche zu stellen. Aber jetzt habe ich eine bessere Idee." Er verstummte und sah an Calypsos Kopf vorbei Julia an, die auf der anderen Seite der Stute ging. „Ich würde ihr gern Peppers Box geben."

Zuerst sagte Julia gar nichts. Laura und Jenny tauschten einen besorgten Blick. Auch wenn Julia Peppers Tod erstaunlich gut zu verkraften schien, fürchteten sie doch, dass sie es nicht ertragen würde, so schnell ein anderes Pferd in seiner Box zu sehen.

Julia aber reagierte mit einem begeisterten Lächeln. „Das ist eine großartige Idee", erklärte sie Max ernsthaft.

Max drückte Laura dann vor Peppers Box die Führleine in die Hand und ging, um nach den anderen

Pferden zu sehen. Das bedeutete, dass der Sattelclub dafür zuständig war, es Calypso in ihrer neuen Behausung gemütlich zu machen.

Offenbar hatte Red gewusst, dass Calypso kommen würde, denn die Box, die Jenny am Vormittag komplett ausgemistet hatte, war frisch eingestreut. Aber es gab trotzdem noch viel zu tun. Laura nahm Calypso die Decke ab, legte sie zusammen und brachte sie in die Sattelkammer. Jenny nahm den Wassereimer vom Haken und zog los, um ihn zu füllen. Julia fing unterdessen an, Calypso gründlich zu putzen. Ihre fuchsfarbene Mähne war von der langen Fahrt zerzaust, und während Julia sie vorsichtig mit einem grobzinkigen Kamm entwirrte, sprach sie mit der Stute.

„Weißt du, Calypso", begann sie, „wenn du in dieser Box leben willst, wirst du dir Mühe geben müssen, deinem Vorgänger das Wasser zu reichen. Trotzdem glaube ich, dass du diese Box verdient hast."

Die Stute stieß ein leises, brummelndes Wiehern aus. Julia wusste nicht, ob das eine Antwort auf ihre Worte sein sollte oder ob es Calypso einfach gefiel, wenn man sich mit ihr beschäftigte. Sie sprach dennoch weiter und erzählte Calypso von Pepper.

Die Rückkehr ihrer Freundinnen unterbrach ihren Redefluss. Jenny schleppte einen vollen Wassereimer und hatte sich ein Blatt Heu unter den anderen Arm geklemmt.

„Machst du mir die Tür auf?", bat sie schnaufend Laura, die gerade aus der Sattelkammer zurückkam.

Laura schob die Tür auf und nahm Jenny den schweren Wassereimer ab. Sie hängte ihn an seinen Haken, und Jenny füllte die Heuraufe. Calypso schnupperte am Wasser und dann am Heu. Dann zupfte sie ein paar Halme aus der Raufe und begann, langsam zu kauen.

„Bevor sie sich entschließt, in diesem Hotel zu bleiben, probiert sie, ob das Essen gut genug ist", scherzte Jenny. Anscheinend war das der Fall, denn Calypso vertilgte gerade ihr zweites Maul voll Heu.

Julia lächelte das Pferd an. „Ich habe ihr gerade erzählt, dass sie sich Mühe geben muss, wenn sie Peppers Platz in dieser Box einnehmen will."

„Auf jeden Fall", sagte Laura. „Pepper war einer unter einer Million; nein, unter zwei Millionen."

„Also, ich bin froh, dass Max beschlossen hat, Calypso diese Box zu geben", verkündete Jenny. Sie grinste. „Das bedeutet nämlich, dass Veronica die Box nicht bekommt."

„Ich bin auch froh, allerdings nicht aus diesem Grund – auch wenn es ein guter ist", sagte Julia.

„Ehrlich? Ich hatte befürchtet, dass es dich belastet", gab Laura zu. „Schließlich ist Pepper erst seit einem Tag fort, und schon steht hier ein neues Pferd."

„So kann man es auch betrachten", bemerkte Julia nachdenklich. „Aber irgendwie finde ich es schön, dass

Calypso da ist. Schließlich wird sie irgendwann demnächst ein Fohlen bekommen. Und da sie in dieser Box steht, wird es so sein, als wäre das Fohlen ein Teil von Pepper. Versteht ihr, was ich meine?"

Laura sah verwirrt aus, doch Jenny nickte. „Ich glaube schon", sagte sie. „Keine von uns wird Pepper jemals vergessen, aber Calypso ist der Beweis, dass das Leben weitergeht, und das ist das Wichtigste. Sie in diese Box zu stellen ist fast, als wollte man Pepper Tribut zollen." Sie streckte den Arm aus und kraulte Calypso hinter den Ohren. Die Stute senkte sofort den Kopf, und schloss genießerisch die Augen. „Zumal sie genauso lieb und umgänglich zu sein scheint, wie er es war."

„Danke", sagte Julia lächelnd. „Das ist genau das, was ich sagen wollte", fuhr sie fort. „Du bist wirklich eine gute Freundin", sagte Julia und unterbrach ihre Putzarbeit lange genug, um Jenny zu umarmen. „Danke."

„Wofür hat man Freunde?", fragte Jenny und erwiderte die Umarmung. Plötzlich fiel ihr auf, dass Laura mit abwesendem Gesichtsausdruck ein Loch in die Luft starrte. Sie streckte den Arm aus und stieß sie an. „Laura? Woran denkst du?"

„Ich denke über das nach, was ihr gerade über Peppers Box und alles gesagt habt", antwortete Laura langsam. „Ich verstehe natürlich, was ihr meint, aber irgendwie finde ich, dass wir noch auf eine andere Art ausdrücken sollten, was Pepper uns bedeutet hat."

„Darüber habe ich gestern Abend auch nachgedacht“, gab Julia ein wenig verlegen zu. „Und ich hatte eine Idee.“

„Welche?“, fragte Jenny und Laura wie aus einem Mund.

„Also“, begann Julia und hoffte, dass ihre Freundinnen sie nicht für albern halten würden, „kurz bevor Pepper … also, kurz vor dem Ende hatte ich das Gefühl, dass ich ihm noch etwas sagen müsste, etwas, das alles zusammenfasst, was ich für ihn empfunden habe.“

Jenny und Laura nickten. Sie verstanden Julia genau.

„Und schließlich ist mir klar geworden, dass das Einzige, was ich noch tun konnte, war, ihm zu danken. Für all die schönen Ritte, dafür, dass er mir ein so guter Freund war und für alles andere.“

Jenny und Laura nickten wieder. „Und was ist deine Idee?“, fragte Laura.

„Ich wollte Max fragen, ob wir an Peppers Paddock ein graviertes Schild anbringen dürfen. Wir könnten es an den Zaun schrauben, an der Stelle in der Nähe der Eiche, unter der er immer gestanden hat, wenn es heiß war“, sagte Julia. „Es bräuchten nur sein Name und ‚Danke‘ darauf zu stehen. Es wäre dann gewissermaßen von allen, die ihn gekannt haben.“

„Was für eine wundervolle Idee“, meinte Laura ergriffen. Ein Schild am Zaun war die beste Art, die Erinnerung an Pepper in ihnen allen wach zu halten, und

Laura war froh, dass Julia dieser Einfall gekommen war. „Der Plan ist perfekt, vor allem, wenn man bedenkt, dass es Thanksgiving passiert ist. Immer wenn wir das Schild sehen, werden wir daran denken, Pepper dankbar zu sein – und auch allen anderen Pferden", fügte sie hinzu und dachte dabei an Silberstern.

„Auf jeden Fall", sagte Jenny. „Lasst uns sofort zu Max gehen und ihn fragen."

Laura räusperte sich. „Wenn es euch nichts ausmacht, würde ich es vorziehen, wenn wir damit noch ein paar Stunden warten."

Jenny und Julia zuckten mit den Achseln, „Wenn du meinst", sagte Julia. „Wahrscheinlich ist er in nächster Zeit sowieso damit beschäftigt, seinen Koffer auszupacken. Aber warum willst du warten? Ist dir unser Irrtum immer noch peinlich?" Bei der Erinnerung daran verzog sie das Gesicht. Sie konnte kaum glauben, dass sie seinen Plan, ein neues Pferd zu kaufen, mit einem romantischen Wochenende verwechselt hatten – auch wenn es bei seinem Kurzurlaub tatsächlich um mehr als ein weibliches Wesen gegangen war, wenn man neben Calypso auch Lillian mitzählte.

„Nein, das ist es nicht", sagte Laura und begann zu strahlen. „Mir ist nur gerade klar geworden, dass wir eine unserer wichtigsten Clubregeln gebrochen haben."

„Wie meinst du das?", fragte Jenny. „Nur, weil ihr mir nicht geholfen habt, als ich eine ganze Woche lang

Mist geschaufelt habe bedeutet das doch nicht, dass wir einander nicht auf andere Weise geholfen hätten …"

„Nein, das meinte ich nicht", unterbrach Laura sie. Inzwischen war aus ihrem Lächeln ein ausgewachsenes Grinsen geworden. „Ich spreche von der anderen Regel, die die Liebe zu Pferden vorschreibt. Denkt doch einmal nach. Wir sind so mit unseren Thanksgiving-Projekten beschäftigt gewesen, dass wir schon ewig nicht mehr geritten sind. Wie lange ist das jetzt her?"

„Vier ganze Tage!", riefen Jenny und Julia gleichzeitig, und ihre Augen wurden groß, als ihnen klar wurde, wie Recht Laura damit hatte.

„Ich denke, wir sollten jetzt ausreiten, und zwar pronto!", sagte Laura, stand stramm und salutierte, wie sie es von ihrem Vater gelernt hatte.

„Jawohl, Sir", sagte Jenny und erwiderte lässig den Gruß. „Lasst uns die Pferde satteln und im Wald verschwinden!"

„Das hört sich gut an", sagte Julia. Sie fuhr noch schnell mit einem weichen Tuch über Calypsos glänzendes Fell. Und nachdem die drei alles getan hatten, um es der Stute gemütlich zu machen, verabschiedeten sie sich von ihr mit einem liebevollen Halsklopfen und verließen Peppers – jetzt Calypsos – Box, um ihre Pferde für ihre Lieblingsbeschäftigung zu satteln. Und dafür waren sie sehr dankbar.